UMA BREVE JORNADA *pela* HISTÓRIA *da* ECONOMIA

Livros da mesma série

The Shortest History of Europe de John Hirst
The Shortest History of England de James Hawes
The Shortest History of China de Linda Jaivin
The Shortest History of Democracy de John Keane
The Shortest History of the Soviet Union de Sheila Fitzpatrick
The Shortest History of Greece de James Heneage
The Shortest History of War de Gwynne Dyer
The Shortest History of India de John Zubrzycki
The Shortest History of the World de David Baker
The Shortest History of the Crown de Stephen Bates

UMA BREVE JORNADA *pela* HISTÓRIA *da* ECONOMIA

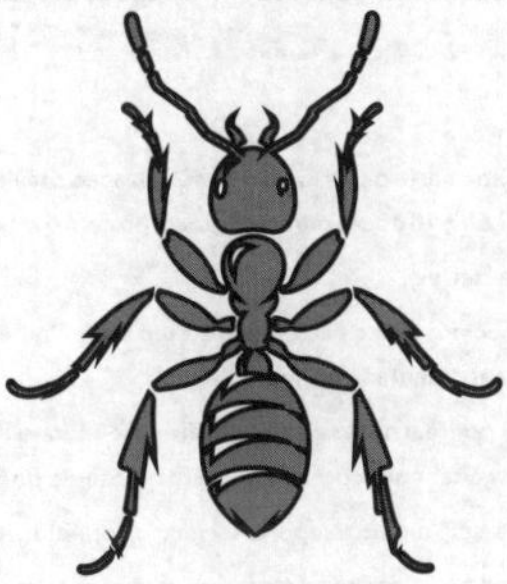

Andrew Leigh

ALTA BOOKS
GRUPO EDITORIAL
Rio de Janeiro, 2025

Uma Breve Jornada pela História da Economia

ISBN: 978-85-508-2589-2

Alta Cult é uma Editora do Grupo Editorial Alta Books.

Translated from original The Shortest History of Economics © 2024 by Andrew Leigh. ISBN 978-1-913-08349-6. This translation is published and sold by Black Inc., the owner of all rights to publish and sell the same. PORTUGUESE language edition published by Starlin Alta Editora e Consultoria Eireli, Copyright © 2025 by STARLIN ALTA EDITORA E CONSULTORIA LTDA.

Impresso no Brasil — 1ª Edição, 2025 — Edição revisada conforme o Acordo Ortográfico da Língua Portuguesa de 2009.

Dados Internacionais de Catalogação na Publicação (CIP)
(BENITEZ Catalogação Ass. Editorial, MS, Brasil)

L528b
1.ed. Leigh, Andrew
Uma breve jornada pela história da economia / Andrew Leigh ; tradução Cibelle Ravaglia. - 1.ed. - Rio de Janeiro : Alta Cult, 2025.
256 p.; il.; 15,7 x 23 cm.

Bibliografia.
ISBN 978-85-508-2589-2

1. Economia - História. I. Ravaglia, Cibelle. II. Título.

02-2025/67 CDD 338

Índice para catálogo sistemático:
1. Economia : História 338

Aline Graziele Benitez - Bibliotecária - CRB-1/3129

Grupo Editorial Alta Books

Produção Editorial: Grupo Editorial Alta Books
Diretor Editorial: Anderson Vieira
Editor da Obra: Gorki Starlin
Vendas Governamentais: Cristiane Mutüs
Gerência Comercial: Claudio Lima

Produtor Editorial: Thiê Alves
Tradução: Cibelle Ravaglia
Copidesque: Vanessa Schreiner
Revisão: Denise Himpel
Diagramação: Joyce Matos

ALTA BOOKS
GRUPO EDITORIAL

Rua Viúva Cláudio, 291 — Bairro Industrial do Jacaré
CEP: 20.970-031 — Rio de Janeiro (RJ)
Tels.: (21) 3278-8069 / 3278-8419
www.altabooks.com.br — altabooks@altabooks.com.br
Ouvidoria: ouvidoria@altabooks.com.br

Editora **afiliada à:**

AGRADECIMENTOS

UM DOS GRANDES AVANÇOS NOS ESTUDOS SOBRE ECONOMIA MODERNA É o crescente número de pesquisas escritas em coautoria. Muito do meu conhecimento em economia aprendi com meus colaboradores e sou grato pelas inúmeras conversas que moldaram nossas pesquisas e me tornaram um economista melhor. Agradeço também aos meus colegas parlamentares — economistas e não economistas — que me incentivaram a considerar perspectivas econômicas em nossas discussões. Na Black Inc., a equipe de Chris Feik, Kirstie Innes-Will e Jo Rosenberg ajudou a aprimorar meus argumentos e lapidar meu estilo de escrita.

Jeff Borland, Paul Burke, Wendy Carlin, Bruce Chapman, Selwyn Cornish, Guido Erreygers, David Galenson, Joshua Gans, Ross Gittins, Bob Gregory, Nicholas Gruen, Dan Hamermesh, Tim Hatton, Richard Holden, Sebastian Leigh, Jan Libich, Xin Meng, Alex Millmow, Christine Neill, Alberto Posso, Adam Triggs e Justin Wolfers forneceram comentários inestimáveis sobre meus rascunhos anteriores. Agradecimentos especiais aos meus pais, Barbara e Michael Leigh, pelo incentivo amoroso e feedback detalhado.

Este livro é dedicado à minha esposa, Gweneth, e aos nossos três filhos, Zachary, Theodore e Sebastian. Espero que vocês cresçam em uma sociedade em que uma boa política econômica internalize as externalidades, em que o mercado lhes ofereça opções em abundância e em que a economia forneça perspectivas inovadoras sobre nosso admirável mundo.

SUMÁRIO

INTRODUÇÃO

NA ÉPOCA PRÉ-HISTÓRICA, A ÚNICA FONTE DE ILUMINAÇÃO ARTIFICIAL era a fogueira. Para produzir a mesma quantidade de luz que uma lâmpada doméstica emite em uma hora, nossos ancestrais precisariam procurar lenha por 58 horas.[1] Na Babilônia Antiga, a tecnologia de iluminação mais sofisticada era uma lamparina que queimava óleo de gergelim. Por volta de 1750 AEC, para produzir a mesma quantidade de luz, um trabalhador babilônico teria que trabalhar por 41 horas.

Uma lamparina de barro, em que se usava um pavio de algodão e óleo ou manteiga.

Mas então surgiram as velas. Inicialmente fabricadas com gordura animal, seu processo de produção era demorado (e elas exalavam um odor fétido). Mesmo no final do século XVIII, um típico trabalhador precisaria dedicar cinco horas a fim de produzir velas que emitissem o equivalente de luz artificial que uma lâmpada doméstica emite em uma hora. Ao longo do século XIX, a iluminação a gás foi aperfeiçoada, reduzindo o custo de tempo de uma hora de luz para algumas horas de trabalho.

Com a invenção da lâmpada elétrica, a iluminação ficou ainda mais barata. No início do século XX, bastavam alguns minutos de trabalho para comprar uma hora de iluminação. Atualmente, menos de um segundo de trabalho nos possibilita adquirir energia suficiente para manter uma moderna lâmpada doméstica acesa por uma hora. Calculado em termos de iluminação artificial, hoje o ganho de trabalho é 300 mil vezes maior do que era na época pré-histórica, e 30 mil vezes maior do que era no final do século XVIII. Ao contrário de nossos ancestrais, que trabalhavam arduamente para iluminar suas noites, mal pensamos no custo quando acendemos uma luz.

A evolução da tecnologia de iluminação: vela, lâmpada incandescente, lâmpada fluorescente e lâmpada de LED.

Dois fatores essenciais impulsionaram essa extraordinária mudança. As tecnologias de iluminação estão melhores (e ainda evoluem a cada dia). E os trabalhadores estão mais produtivos, significando que ganhamos mais em uma hora do que nossos antepassados ganhavam.

A história da iluminação serve como fio condutor para alguns tópicos fundamentais desta obra. Enquanto as pessoas da época pré-histórica precisavam fazer tudo sozinhas, os trabalhadores modernos se especializam no que fazem de melhor. Os mercados nos possibilitam trocar nossa produção pela de outras pessoas. Os preços criam incentivos para produzir mais quando há escassez e menos quando há excedente. No entanto, o sistema de mercado está longe de ser perfeito. Desemprego, cartéis, congestionamentos no trânsito, pesca excessiva e poluição são apenas alguns dos problemas que vêm à tona quando os mercados falham.

Este livro compacto narra uma história grandiosa. Narra a história do capitalismo — de como nosso sistema de mercado se desenvolveu. Conta a história da disciplina de economia e de alguns dos principais personagens que a estabeleceram. Narra a história de como as forças econômicas moldaram a história mundial. Por que a África não colonizou a Europa em vez do contrário? O que aconteceu quando os países ergueram barreiras comerciais e de imigração na década de 1930? Por que os Aliados venceram a Segunda Guerra Mundial? Por que a desigualdade em muitos países desenvolvidos caiu durante as décadas de 1950 e 1960? Como os direitos de propriedade impulsionaram o surto de crescimento da China na década de 1980? De que forma a mudança climática ameaça nossa prosperidade futura? Nesta obra, você encontrará as respostas para essas perguntas e muito mais.

A economia pode ser definida como uma ciência social que estuda a maneira como as pessoas maximizam seu bem-estar diante da escassez. Considera o comportamento das pessoas de forma individual e como

Aprender a pensar como um economista pode melhorar sua vida. O segredo da nossa disciplina é que as percepções mais impactantes se originam de algumas poucas ideias, ainda que significativas, que qualquer pessoa consegue compreender.

trabalhamos juntos em famílias e em corporações. Foca o modo como interagimos com os mercados, em que compradores e vendedores determinam juntos o preço de equilíbrio. Além disso, a economia considera o que acontece quando os mercados fracassam e como as políticas públicas podem mitigar a pobreza, as mudanças climáticas ou a fixação de preços.

Este livro conta uma história que entrelaça microeconomia e macroeconomia.[2] A microeconomia estuda como os indivíduos tomam decisões, enquanto a macroeconomia analisa a economia como um todo. Quase sempre, livros populares sobre economia se concentram em somente uma das duas. Obras como *Freakonomics, Discover Your Inner Economist* e *Things That Made the Modern Economy* apresentam a microeconomia aos leitores. Já livros como *The Return of Depression Economics, Slouching Towards Utopia* e *This Time Is Different* ajudam a explicar a macroeconomia. A última obra, no entanto, sintetiza ambas as perspectivas. Embarcaremos em uma jornada cronológica pela história, explorando as escolhas de indivíduos e a trajetória de sociedades inteiras.

Críticos que enxergam a economia como algo deprimente, usurário ou limitado gostam de citar a descrição de Thomas Carlyle, que a chamou de "a ciência lúgubre (ou ciência sombria)", ignorando a origem da crítica. Carlyle, um escritor do século XIX, era racista e acreditava que a escravização deveria ser restabelecida nas Índias Ocidentais. A visão "lúgubre" que ele condenava era a de que todos os seres humanos são iguais. Assim como muitos economistas, assumo essa indecência com orgulho e endosso a igualdade que Carlyle atacava.

Carlyle também disse, de forma depreciativa, que "ensine a um papagaio os termos oferta e demanda e você terá um economista".[3] Gráficos de oferta e demanda podem ser úteis, mas os leitores não os encontrarão nesta obra. E, certamente, não é necessário ter estudado economia para apreciar as histórias que serão contadas. Aprender a pensar como um economista pode melhorar sua vida. O segredo da nossa disciplina é que as percepções mais impactantes se originam de algumas poucas ideias, ainda que significativas, que qualquer pessoa consegue compreender.

Já mencionei uma dessas ideias: incentivos. Em competições esportivas, com um prêmio grandioso para o primeiro colocado e um prêmio insignificante para o segundo, o desempenho melhora. Os corredores correm mais rápido. Os jogadores de golfe terminam com menos tacadas.[4] Incentivos podem influenciar até a época em que os bebês nascem. Quando a Austrália estabeleceu um "bônus de bebês" para crianças nascidas a partir de 1º de julho de 2004, houve um recorde de nascimentos nesse dia.[5] Por quê? Porque as gestantes postergaram os procedimentos de indução e as operações cesarianas para obter a recompensa financeira. Quando os Estados Unidos mudaram a taxa de imposto sucessório, a ocorrência das mortes também mudou: indicando que um pequeno número de pessoas adiou (ou antecipou) decisões médicas ou legais sobre registros de falecimento para minimizar suas taxas de impostos.[6] Há um ditado que diz que a única certeza da vida é a morte e os impostos. Nesse caso, como as taxas de imposto sucessório foram alteradas, as taxas de ocorrência de mortes também sofreram alterações.

Isso não quer dizer que a economia gire apenas em torno da ganância. Elinor Ostrom, a primeira mulher a ganhar o Prêmio Nobel de Economia, identificou diversos contextos — desde a atividade de pesca na Indonésia até florestas no Nepal — em que as pessoas cooperavam para gerenciar recursos escassos. Em seu discurso do Nobel, Ostrom criticou a tendência dos economistas de criar instituições para indivíduos totalmente egoístas. Ela argumentou que "um dos principais objetivos da política pública deveria ser facilitar o desenvolvimento de instituições que tragam à tona o melhor dos seres humanos". Incentivos são importantes, mas me esforçarei para captar o otimismo de Ostrom e demonstrar que economistas também podem ser idealistas.

Outra ideia significativa da economia é a especialização. Quantos de nós conseguem fazer um belo corte de cabelo, trocar o para-brisa de um carro, transformar uvas em vinho ou programar um aplicativo para smartphone? Dedicando alguns meses, a maioria das pessoas conseguiria aprender a fazer cada uma dessas tarefas com certo nível de competência. Mas, a não ser que goste muito da experiência, a melhor abordagem é contratar um especialista e focar o que você faz de melhor. Caso dedicasse a vida tentando ser relativamente bom em tudo, acabaria sendo o equivalente humano de um canivete suíço: com uma lâmina meticulosa, ainda que complicada, uma tesoura incomodamente minúscula e uma chave de fenda pouco prática. A especialização profissional é um dos fundamentos da economia moderna.

O processo de fabricação também se tornou especializado. Por exemplo, algumas cidades chinesas se tornaram especialistas na produção de um único tipo de produto. A cidade de Yiwu produz a maior parte das decorações de Natal do mundo. A cidade de Huludao fabrica um quarto dos trajes de moda praia usados globalmente. Danyang é conhecida como a "cidade dos óculos". Taizhou, há muito especializada em produtos para banheiro, agora se tornou um centro global de inovação em vasos sanitários inteligentes.[7]

À medida que a especialização prospera, o comércio se torna inestimável. O Boeing 787 Dreamliner contém baterias do Japão, pontas de asa da Coreia do Sul, vigas de piso da Índia, estabilizadores horizontais da Itália, trem de pouso da França, portas de carga da Suécia e reversor de empuxo do México.[8] Um smartphone comum poderia ter perfeitamente a seguinte descrição de fabricação: "Feito no Mundo". Ao adquirir componentes e matérias-primas de fornecedores com menor custo, é possível produzir itens que, de outra forma, seriam inacessíveis se precisassem ser fabricados somente com materiais locais.

Talvez o exemplo mais emblemático da especialização seja quando o designer Thomas Thwaites decidiu criar uma torradeira do zero — recorrendo ao próprio trabalho e usando matérias-primas que ele mesmo comprou.[9] Thwaites obteve minério de ferro de uma mina desativada na Inglaterra, cobre de uma mina no País de Gales e mica de uma montanha na Escócia. Quando uma tentativa de derreter aço em um alto-forno caseiro fracassou, ele recorreu ao seu micro-ondas para derreter o minério de ferro. O invólucro de plástico veio do derretimento de lixo. No fim das contas, o experimento da torradeira de Thwaites demorou nove meses. Se fôssemos estimar o valor de seu tempo com base no salário médio do Reino Unido na época, o custo da mão de obra foi de £19.000, mais cerca de £1.000 em despesas.[10] A torradeira de £20.000 de Thwaites custava aproximadamente 5 mil vezes mais do que se ele tivesse comprado uma torradeira por £4 em uma loja local. Ah, e as torradeiras compradas na loja funcionam. Quando Thwaites ligou a sua, ela funcionou por cinco segundos antes de começar a derreter.

Outro princípio da economia é que acontecimentos importantes raramente são motivados por mudanças repentinas em termos de normas ou de cultura. Na maioria das vezes, mudanças drásticas decorrem de tecnologias novas ou de mudanças políticas. Se quer entender por que o comércio internacional prosperou nas décadas do pós-guerra, é útil saber sobre a invenção do contêiner padronizado em 1956 e a redução de tarifas aduaneiras por meio de rodadas consecutivas de negociações comerciais mundiais. Caso queira saber por que os jogos de basquete de hoje são mais emocionantes do que há meio século, considere o papel do relógio e da linha dos três pontos. Este livro procura desvendar as forças econômicas ocultas que influenciam guerras, movimentos religiosos e transformações sociais.

A história da economia começa com a Revolução Agrícola, que transformou comunidades de tribos caçadoras-coletoras em civilizações como o Egito Antigo, a Grécia e Roma. O comércio entre regiões foi possibilitado pelo transporte fluvial. O Grande Canal da China conectava províncias. A era da navegação a vela conectou a Europa, a África e as Américas — transportando produtos agrícolas, manufaturados e pessoas escravizadas em um comércio triangular extremamente lucrativo.

A próxima grande revolução foi a Revolução Industrial, que deu início à produção manufatureira e impulsionou radicalmente o crescimento econômico. Junto com novos equipamentos tecnológicos, surgiram progressos intelectuais, à medida que a disciplina de economia ganhava corpo. No início do século XX, a inovação da linha de produção permitiu a produção de carros a preços cada vez mais baixos, e a globalização conectou o mundo como nunca antes. Duas guerras mundiais e a Grande Depressão romperam muitas dessas conexões, destruindo vidas, meios de subsistência e vínculos.

Para muitos no mundo desenvolvido, o pós-guerra foi um período de prosperidade compartilhada, mas o crescimento em outras regiões foi desigual. Na China, as primeiras décadas do regime comunista foram assinaladas por políticas arbitrárias que minaram o desenvolvimento econômico até sua abertura para o mercado em 1978. Na Índia, a grande virada ocorreu em 1990. O crescimento em grande parte da Ásia resultou em uma crescente divergência entre os padrões de vida da região e os da África, com crescimento mais tardio. No início do século XXI, a desigualdade em muitos países havia aumentado drasticamente.

Hoje em dia, grande parte da economia se concentra em problemas de falhas de mercado. Uma proporção substancial da política de concorrência é motivada pela restrição do poder de monopólio. Umas das preocupações fundamentais da macroeconomia, preconizada por John Maynard Keynes, é a redução do desemprego. A política climática aborda a falha de mercado que faz com que a poluição seja lucrativa para as empresas, ainda que devastadora para o planeta. Do mesmo modo, a economia comportamental admite que os seres humanos nem sempre se comportam como máquinas frias e calculistas, que buscam maximizar a felicidade, mesmo que tenham a tendência de fugir à lógica de maneira sistemática. À medida que a disciplina de economia evoluiu, tanto a teoria quanto os dados possibilitaram que os pesquisadores elaborassem modelos de comportamento humano melhores, fazendo com que a economia ficasse mais interessante e útil.

Mas, antes de chegarmos ao *Homo economicus*, devemos começar do início, com a forma como a economia moldou nossa espécie, o *Homo sapiens*.

1

DAS ORIGENS AFRICANAS À AGRICULTURA

Os humanos modernos evoluíram na África Austral há cerca de 300 mil anos.[1] Nossos antigos ancestrais dominavam a linguagem, a arte e a dança, criavam seus filhos em núcleos familiares e transmitiam suas histórias. Há aproximadamente 65 mil anos, eles inventaram lanças e arcos para caçar, agulhas para costurar e barcos para viajar.[2] Ao contrário dos primatas anteriores, a capacidade de linguagem e de pensamento abstrato do *Homo sapiens* possibilitou o aprendizado coletivo: eles construíram uma base compartilhada de conhecimento que ultrapassava a capacidade de qualquer pessoa.[3] No entanto, em grande parte, suas vidas permaneciam nômades: caçavam animais e alimentavam-se de plantas locais, mudando-se quando os recursos se esgotavam.

As primeiras sociedades se diferenciavam na forma como cuidavam daqueles que não conseguiam trabalhar. Algumas sociedades pré-históricas mostram evidências de cuidado com os idosos — esculpir bengalas para que conseguissem andar e mastigar alimentos para aqueles cujos dentes já haviam se deteriorado. Outras sociedades de caçadores-coletores — sobretudo aquelas que se deslocavam por longas distâncias — tendiam a matar ou abandonar os idosos ou pessoas portadoras de deficiência a fim de que não prejudicassem as perspectivas de futuro de todo o grupo.

Mas como era a vida para a maioria das pessoas nessa época? "Ora, nada mais meigo do que o homem em seu estado primitivo", escreveu o filósofo suíço Jean-Jacques Rousseau. Seu homólogo inglês, Thomas Hobbes, adotava uma visão veementemente diferente, declarando que a vida humana primitiva era "solitária, pobre, sórdida, brutal e curta".

Graças à arqueologia forense (não raramente apelidada de "CSI do Paleolítico"), os pesquisadores modernos conseguiram obter muitas informações sobre a vida nessa época. Eles estimam que dois quintos dos bebês não viviam para completar seu primeiro aniversário. A expectativa de vida era de cerca de 33 anos.[4] A violência era onipresente — tanto de competidores dentro da própria tribo quanto de invasores de grupos vizinhos. Em sociedades nômades, até 15% das pessoas morriam de forma violenta.[5] Antes da era da agropecuária, a maioria das pessoas tremia de frio durante o inverno e ia dormir com fome. Hobbes tinha razão. Rousseau estava enganado.

A agricultura sedentária não surgiu inicialmente em um único lugar, mas uma de suas "origens" ocorreu no noroeste da Índia. A cidade de Kalibangan, a cerca de três horas de carro da fronteira com o Paquistão, já foi o encontro de dois rios. É o lar de um dos principais sítios arqueológicos do mundo: o mais antigo campo arado. Lá, os sulcos são arados tanto no sentido norte-sul quanto leste-oeste, sugerindo que duas culturas foram cultivadas juntas — talvez grãos e mostarda.[6]

A violência era onipresente — tanto de competidores dentro da própria tribo quanto de invasores de grupos vizinhos. Em sociedades nômades, até 15% das pessoas morriam de forma violenta.

Kalibangan foi uma importante cidade da civilização do Vale do Indo, que prosperou de 3300 a 1300 AEC. A agropecuária possibilitou que as pessoas se estabelecessem e construíssem casas mais confortáveis — algumas tinham até vasos sanitários com descarga. Os construtores da época descobriram o tamanho ideal para o tijolo: a proporção dimensional de 1:2:4 que é usada até os dias de hoje.[7] Adultos empunhavam ferramentas de bronze e jogavam jogos de dados. Arqueólogos desenterraram brinquedos infantis, como apitos e piões. Diferentemente da vida nômade, a agricultura sedentária proporcionou o ambiente em que ferramentas e brinquedos podiam ser fabricados e utilizados.

A Revolução Agrícola estimulou a civilização do Vale do Indo a comercializar com outros povos. Para transportar mercadorias por terra, seus cidadãos construíram carroças — possivelmente o primeiro uso de transporte sobre rodas da história. As cidades eram estruturadas em um padrão de grelha, assim como muitas cidades modernas atuais. Eles construíram barcos e dragaram um canal. Os mercadores do Vale do Indo importavam matérias-primas como jade da China, madeira de cedro do Himalaia e lápis-lazúli do Afeganistão. Em troca, vendiam joias, cerâmica e ferramentas de metal.

Em seu auge, a civilização do Vale do Indo tinha uma população de cerca de 5 milhões de pessoas.[8] No entanto, permaneceu desconhecida pelos arqueólogos até a década de 1920. Um dos principais motivos para isso é que a civilização era relativamente igualitária. Os antigos egípcios construíram as pirâmides, os gregos da Antiguidade arquitetaram a Acrópole e os antigos romanos erigiram o Panteão. Edifícios monumentais usualmente sinalizavam diferenças esmagadoras de riqueza e poder — o que um estudioso chamou de "problema monumental".[9] Em contrapartida, a civilização do Vale do Indo construiu poucos monumentos. Na época, isso servia bem ao povo, mas, como resultado, as cidades do Vale do Indo permaneceram incognoscíveis por mais de 2 mil anos após a seca dos rios da região.

A civilização do Vale do Indo não construiu os tipos de monumentos que representavam desigualdade de riqueza em outras civilizações.

A agropecuária foi um divisor de águas para a economia mundial porque possibilitou que as comunidades acumulassem excedentes. O armazenamento de alimentos permitiu que as pessoas se alimentassem bem durante todo o ano. Além disso, forneceu um modo primitivo de seguro contra a fome se a colheita fosse malsucedida. Quando o consumo é menos volátil do que a renda da população, os economistas costumam alegar que as pessoas estão "suavizando o consumo". Essa suavização do consumo explica por que muitas pessoas nas economias modernas recorrem a empréstimos para adquirir uma casa, economizam para a aposentadoria e contratam um plano de saúde. Nas eras pré-históricas, a incerteza que atormentava a vida dos seres humanos deve ter sido imensamente extenuante para muitos. Ainda hoje, mesmo em países desenvolvidos, os trabalhadores pobres sofrem com grandes oscilações mensais de renda, causando ansiedade considerável e dificultando o planejamento do futuro.

Em alguns lugares, a comida era abundante o suficiente para que os caçadores-coletores pudessem ter uma vida plena. Na extremidade oeste do deserto do Kalahari, vive um grupo de pessoas chamado !Kung (o ponto de exclamação é pronunciado com um estalo da língua). A área tem muitas árvores mongongo, cujas sementes são ricas em proteínas e gorduras e podem ser armazenadas por longos períodos. Tradicionalmente, um !Kung típico comia cerca de 300 sementes por dia, as quais forneciam cerca de um terço da ingestão de energia necessária. Como um membro !Kung disse a um visitante: "Por que devemos plantar [lavouras] quando existem tantas sementes de mongongo no mundo?"[10] Mas os !Kung são a exceção. Na maior parte do globo, a agropecuária significava que as pessoas podiam consumir mais calorias e ter mais certeza de onde viria a próxima refeição.

O Levante, região que margeia a extremidade leste do Mar Mediterrâneo, mostrou-se bastante promissora para os lavradores. Após o fim da última era glacial, a região passou por longos períodos de seca, o que levou as sociedades a experimentarem a agropecuária. De 10000 a 8000 AEC., os lavradores cultivavam plantações selecionando aquelas com sementes maiores e um sabor menos amargo. O Levante, parte do que às vezes é chamado de "crescente fértil", passou a ter diversas espécies de plantas que podiam ser domesticadas (adaptadas para o uso humano). Essas oito "culturas fundadoras" — trigo emmer, trigo einkorn, cevada descascada, ervilhas, lentilhas, ervilhaca amarga, grão de bico e linho — foram vitais para o desenvolvimento da agricultura.[11] Os primeiros lavradores desenvolveram facas de sílex e pedras de moagem para auxiliar na colheita e no processamento. As sociedades passaram de comunidades nômades a assentamentos construídos em torno da agricultura.

A invenção mais importante que possibilitou a agricultura foi o arado. Revolver a terra facilita o plantio, traz nutrientes frescos do solo e enterra as ervas daninhas. Os lavradores primitivos faziam isso com varas e enxadas: não muito diferente de como fazemos atualmente para cultivar o solo de uma horta caseira. Mas o arado possibilitou o uso da tração animal para revolver o solo.

Os primeiros arados egípcios eram arados de arrasto, semelhantes a um bastão sendo puxado na terra. Durante as dinastias Qin e Han (221 AEC a 220 EC), os lavradores chineses desenvolveram o arado de aiveca, que revolve o solo, criando sulcos.[12] A agricultura sedentária era cinco ou seis vezes mais produtiva do que o forrageio.[13] O arado trouxe o fim de uma sociedade em que a ocupação de todos era efetivamente "procurar alimentos". Na verdade, um historiador defende que todo o mundo moderno é resultado da invenção do arado.[14]

Os arados também mudaram a dinâmica de poder. A agricultura com bastão de escavação é relativamente igualitária em termos de gênero, mas os arados exigem força significativa da parte superior do corpo para puxá-lo ou controlar o animal que o puxa. Assim, o arado transformou a agropecuária em uma atividade predominantemente masculina. O legado dessa tecnologia foi repercutido por gerações.[15] Em países em que o uso de arados era incomum (como Ruanda e Madagascar), as normas de gênero são mais igualitárias do que em países em que o uso do arado era comum (como Mauritânia e Etiópia). Mesmo entre os imigrantes que se mudaram recentemente para países desenvolvidos, aqueles de países com tradição de uso do arado são menos propensos a acreditar que as mulheres devam trabalhar fora de casa.

Algumas regiões do mundo eram mais propícias à agropecuária do que outras. A Eurásia tinha espécies de plantas e animais que se adaptaram bem à domesticação. Como sabemos, as plantas nativas da Eurásia incluíam variedades de cevada, trigo e leguminosas, que podiam ser armazenadas por meses. Outras regiões tinham bananas e inhames, que estragavam em dias. Com os animais, ocorreu uma história semelhante. A Eurásia tinha cabras, ovelhas e gado, cuja carne, leite e pele podiam ser aproveitados. Por outro lado, as zebras africanas e os cangurus australianos são mais difíceis de domesticar.

O formato dos continentes também teve sua importância. Enquanto a Eurásia se estende em largura, a África e as Américas se alongam. Isso significa que as pessoas podiam se aventurar (e explorar) a Eurásia permanecendo na mesma faixa climática. Os exploradores da Eurásia, em seu movimento leste-oeste, não precisavam desenvolver novas formas de sobrevivência em ambientes desconhecidos, e suas inovações de cultivo podiam se disseminar em regiões com climas semelhantes. Mas os aventureiros na África e nas Américas tinham a árdua tarefa de viajar de norte a sul. Como observa o geógrafo Jared Diamond, essas coincidências iniciais explicam por que a Eurásia colonizou a África, as Américas e a Oceania, e não o contrário. Visto que a riqueza acabou se tornando combustível para o poderio militar, grandes revoluções agrícolas estabeleceram os alicerces para a construção de impérios.

Em teoria, a Revolução Agrícola poderia ter beneficiado a todos. Por ser mais eficiente do que a caça e a coleta, a agropecuária não exigia que todos na sociedade trabalhassem. Pela primeira vez, isso abriu a possibilidade de as pessoas se especializarem como artesãos e construtores. A agropecuária viabilizou o surgimento de cidades, em que eram criadas novas ferramentas e comercializadas em mercados em franca expansão. A civilização do Vale do Indo talvez seja o melhor exemplo na história de uma comunidade na qual a agricultura sedentária levou à prosperidade compartilhada.

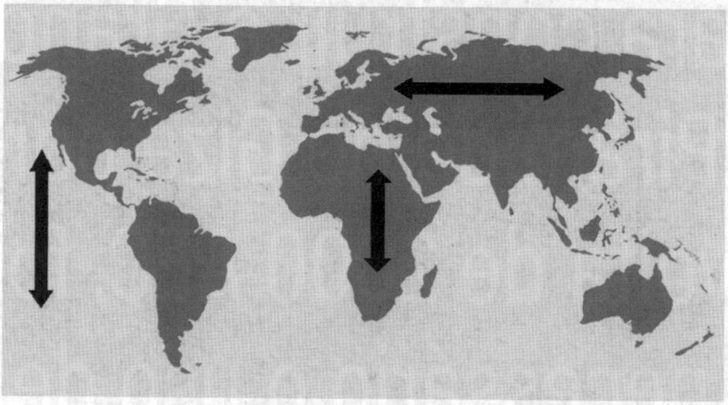

Era mais fácil migrar para climas semelhantes (de leste a oeste) do que para climas variados (de norte a sul).

Infelizmente, a Revolução Agrícola também criou um potencial para o surgimento de governantes menos benevolentes. Os caçadores-coletores se deslocavam com frequência, o que significava que ninguém detinha muitas posses materiais. Em contrapartida, a agropecuária gerava excedentes. Isso possibilitou que os líderes enriquecessem a si mesmos e a suas famílias, extraindo recursos da população para financiar um exército repressivo. Em muitas sociedades, os governantes conquistavam o poder por meio da força e apelavam ao medo para manter a população sob controle.

As sociedades que surgiram a partir da Revolução Agrícola eram extremamente instáveis. Ao longo de 500 anos de história, o Império Romano teve 77 imperadores. Metade deles foi assassinada e muitos outros morreram em batalha ou por suicídio.[16] Apenas um terço dos imperadores romanos faleceu de causas naturais. Em um período excep-

Para construir a Grande Pirâmide de Gizé por volta de 2600 AEC, foi necessário o uso de trigonometria e do teorema de Pitágoras. Permaneceu como o edifício mais alto do mundo pelos 3.800 anos seguintes.

cionalmente violento de 18 meses, Nero tirou a própria vida, Galba foi assassinado, Otão cometeu suicídio e Vitélio também foi assassinado. No campo de batalha, não raramente, a guerra era travada recorrendo às práticas *Bellum Romanum* — uma abordagem implacável que envolvia a destruição de plantações, o estupro de mulheres e a escravização ou a execução de cativos. As vítimas da brutal expansão do Império Romano provavelmente acreditavam que estariam em melhor situação sem a Revolução Agrícola.

Outra desvantagem inesperada da agricultura sedentária foi a tendência a dietas menos diversificadas. Os caçadores-coletores consumiam uma ampla variedade de frutas silvestres, nozes e animais, enquanto as pessoas em comunidades agropecuárias geralmente consumiam a maior parte de suas calorias de apenas alguns tubérculos e grãos com alta concentração de amido. Um estudo baseado no exame de fragmentos de ossadas antes e depois da Revolução Agrícola estima que a estatura média das pessoas havia diminuído cerca de 10 centímetros.[17] Hobbes tinha razão de que a vida era "curta" no estado da natureza, mas o efeito inicial da Revolução Agrícola foi uma população com menor estatura.

A princípio, a Revolução Agrícola aumentou as taxas de desnutrição, aglomerou as pessoas em cidades infestadas de doenças e agravou a desigualdade. No entanto, também possibilitou o surgimento de inovadores, que, em última análise, estabeleceram as bases para que as pessoas tivessem vidas mais longas e agradáveis do que as de nossos ancestrais da Idade da Pedra.[18] Assim como a agricultura criou o potencial para o surgimento de ditadores caprichosos, também gerou um ambiente em que as pessoas podiam pensar em se aperfeiçoar, assim como o mundo ao seu redor.

Uma elite intelectual tinha tempo para explorar ideias, construir modelos e desenvolver novas formas de interagir com o mundo. A antiga Mesopotâmia foi responsável por progressos na matemática, na cartografia, na escrita e em barcos à vela. O Antigo Egito inovou a arte, a escrita e a arquitetura. A civilização maia fez descobertas na astronomia e na manutenção de registros. Os gregos antigos conquistaram avanços na ciência, na tecnologia, na literatura e na democracia. Ocorreu até mesmo um estado de bem-estar social precoce. De 98 a 272 da EC, Roma teve um programa conhecido como *alimenta*, que fornecia alimentos e educação subsidiada para órfãos e crianças pobres. Mas ajudava apenas uma fração dos necessitados e foi encerrado pelo imperador Aureliano.

O foco das energias inventivas de uma sociedade variava enormemente. Para construir a Grande Pirâmide de Gizé por volta de 2600 AEC, foi necessário o uso de trigonometria e do teorema de Pitágoras. Permaneceu como o edifício mais alto do mundo pelos 3.800 anos seguintes. Contudo, os antigos egípcios não inventaram a roda — eles dependiam de dezenas de milhares de trabalhadores, que transportavam blocos de pedra das pedreiras em trenós. Os governantes da Roma Antiga construíram aquedutos e belos edifícios com cúpulas altas. No entanto, não adotaram amplamente a roda d'água ou o moinho de vento, e somente após a queda do Império Romano é que os moinhos de água se tornaram comuns em toda a Europa.[19]

Por que os excepcionais pensadores da época não prestaram mais atenção a instrumentos que facilitassem o trabalho? A economia fornece uma resposta. Quando os custos de mão de obra são baixos, há menos incentivo para investir em tecnologias que tornem os trabalhadores mais eficientes. Na era moderna, os restaurantes da Europa investiram em sistemas eletrônicos de pedidos décadas antes dos restaurantes dos

Estados Unidos. O motivo foi simples: como contratar garçons é mais caro na Europa, as empresas têm um incentivo para torná-los o mais produtivos possível.

A ECONOMIA DA RELIGIÃO

O período da Antiguidade Clássica presenciou o início das três religiões abraâmicas: judaísmo, cristianismo e islã. Uma das explicações para a ascensão dessas religiões está enraizada em um princípio importante da economia: a competição beneficia os consumidores, incentivando uma maior inovação. Portanto, não é coincidência que essas crenças tenham surgido em uma era de acirrada competição religiosa.

As mesmas forças moldam a religião na era moderna. A frequência aos templos religiosos é maior na América do Norte (com intensa competição entre denominações religiosas) do que nos países escandinavos (em que normalmente as igrejas têm um monopólio concedido pelo governo). Observando a relação entre diversidade e religiosidade, o ex-presidente dos EUA, Thomas Jefferson, ironizou que, em matéria de religião, a máxima deveria ser "Divididos, resistimos, unidos, caímos".[20]

Quando se trata de religião, a competição impulsiona a participação.

Os economistas também observam que as rigorosas exigências de muitas religiões — incluindo restrições a alimentos, vestuário e convívio social — têm um propósito econômico. Sem essas regras, seria fácil para pessoas de fora se infiltrarem no grupo e desfrutarem de seus benefícios sem pagar o custo. No mundo atual, cinco em cada seis pessoas são religiosas.[21] Ao longo da vida, as pessoas tendem a se tornar menos religiosas, mas, como pais devotos têm mais filhos, a projeção é que o mundo se torne mais religioso nas próximas décadas. Em termos teológicos, religiões moderadas tendem a ter mais não praticantes, enquanto religiões conservadoras tendem a ter índices mais altos de natalidade. Desse modo, as religiões que mais crescem costumam ser aquelas com as doutrinas mais rígidas.

Da mesma forma, os inovadores do Antigo Egito e da Roma Antiga ponderavam sobre os problemas tecnológicos mais urgentes porque viviam em sociedades em que o julgo do trabalho recaía, em grande parte, sobre o ombro de pessoas escravizadas. Com tantas pessoas em cativeiro, a classe dominante não tinha muito interesse em aumentar a produção da classe escravizada. No mundo antigo, a escravidão não era apenas moralmente condenável — também reduzia o incentivo para tornar as pessoas mais produtivas.

A China Antiga passava por problemas semelhantes, já que a abundância de trabalhadores suprimia o incentivo para explorar inovações. Os chineses estavam muito à frente de seus equivalentes europeus na fabricação de tecidos de seda, na produção de itens feitos de bronze e aço e no uso de papel para a escrita. A bússola magnética foi inventada na

China por volta do século IV ao II AEC. No entanto, essas invenções não transformaram a economia da forma que se poderia esperar. Na China Antiga, os aristocratas dominavam a elite governante, e a visão prevalecente era de desdém pelos mercadores e pelo comércio. Como resultado, as inovações em metalurgia foram sobretudo em armas e obras de arte, não em ferramentas práticas.[22] A invenção da bússola não transformou a China em principal potência marítima. O sucesso econômico exige mais do que invenções, exige também as instituições certas para que as invenções mudem vidas.

Uma invenção que surgiu em muitas sociedades antigas foi o dinheiro. O dinheiro tem três atributos específicos. Primeiro, é uma unidade de conta, fornecendo uma linguagem comum para expressar o valor de diferentes objetos e produtos. Em vez de dizer que duas vacas valem um machado, podemos dizer que ambas valem uma moeda de prata. Segundo, é uma reserva de valor, possibilitando que a riqueza seja armazenada de forma que não se deteriore ou pereça. Terceiro, é um meio de troca, simplificando o comércio entre pessoas que podem querer comprar duas vacas, mas não têm um machado para oferecer em troca.

O dinheiro surgiu de diferentes formas. Na Grécia Antiga, as moedas foram produzidas entre 700 e 600 AEC e ficaram conhecidas como *dracma*, que significa "um punhado".[23] Nos Jogos Olímpicos Antigos, os vencedores recebiam prêmios de até 1.000 dracmas com suas coroas de oliveira.[24] Os romanos demoraram relativamente a produzir moedas, mas, quando começaram a produzir moedas de prata em 269 AEC, perto do templo de Juno Moneta, algumas ostentavam a palavra "Moneta", que deu origem à palavra inglesa *money*. Já a palavra dinheiro, em português brasileiro, origina-se da palavra em latim *denarius nummus*, pequena moeda de prata que passou a ser chamada de *denarius*.

As moedas eram uma maneira simples de pagar por itens do dia a dia. Durante uma viagem, elas podiam ser carregadas em uma algibeira ou bolsa. As moedas eram um elemento essencial do extenso Império Romano. Às vezes, o povo conhecia um novo imperador apenas quando viam sua imagem em uma moeda.

Contudo, elas não representavam a única forma possível de dinheiro. Nas ilhas Yap, na Micronésia, esculturas de pedra eram usadas como dinheiro. A maior dessas pedras tinha 3,6 metros de diâmetro. Não era movida quando mudava de proprietário — em vez disso, os yapese mantinham a pedra no lugar e todos na comunidade tomavam conhecimento do novo proprietário. Por mais que isso tornasse as grandes esculturas de pedra inconvenientes para o comércio, elas não são tão incomuns quanto parece. Na era moderna, não raramente, os bancos centrais armazenam ouro em cofres. Quando o ouro é vendido, a transação envolve somente uma mudança em um registro eletrônico, sem que o ouro seja movido fisicamente. Isso faria sentido para os yapese.

Pedras yapese feitas de calcário esculpido.

Seja na forma de esculturas ou de moedas, uma característica comum do dinheiro na época era que ele tinha valor inerente. Em alguns casos, os mercadores emitiam notas promissórias uns aos outros, mas o dinheiro era feito de metal precioso. Isso mudaria por volta do ano 1000, quando o governo chinês se tornou o primeiro do mundo a emitir papel-moeda — pedaços de papel inerentemente sem valor que representavam uma promessa de valor.

Outro aspecto do desenvolvimento econômico foi o aumento no volume do comércio entre regiões. Como vimos no caso da civilização do Vale do Indo, a especialização dentro de uma sociedade levou à produção de novos bens, como roupas e ferramentas. Isso, por sua vez, levou à especialização entre sociedades, que são os alicerces do comércio. Quando uma sociedade é comparativamente melhor na produção de um produto ou um serviço, ela pode se beneficiar do comércio.

Espere, por que escrevi *comparativamente* melhor em vez de apenas melhor? Para entender isso, voltemos à especialização da força de trabalho. Suponha que a melhor ceramista da aldeia também seja a melhor padeira. Agora imagine que ela é dez vezes melhor do que qualquer ceramista, mas apenas duas vezes melhor como padeira. Nesse exemplo, a produção da comunidade será maior se ela dedicar todo o seu tempo à olaria e comprar pão de outra pessoa.

O que vale para nossa mestra ceramista também se aplica a países, cidades e regiões. Imagine que a China Antiga produzisse seda e ouro mais barato do que a Roma Antiga, mas que os chineses fossem dez vezes mais eficientes na produção de seda e apenas duas vezes mais eficientes na mineração de ouro. Nesse caso, faria sentido para a China exportar seda e importar ouro. O comércio ao longo da Rota da Seda dependia somente da vantagem *comparativa*, não da vantagem absoluta.

Mesmo um país que produz tudo de modo mais eficiente do que seus vizinhos pode ganhar com o comércio.

No entanto, há uma razão para que mesmo as sociedades modernas não importem produtos pesados e de baixo valor, como o cascalho. Quando o custo do transporte é alto em relação ao valor dos produtos que estão sendo transportados, o comércio se torna financeiramente inviável. Mesmo após a invenção da roda, a baixa qualidade da maioria das estradas significava que geralmente era mais fácil amarrar cargas nas costas de cavalos e de camelos do que transportá-las em carroças. Como consequência, a maior parte do comércio em terra se restringia a produtos como vinho, azeite, pedras preciosas, metais valiosos e especiarias raras. Por volta de 300 EC, o preço de uma carroça de trigo dobrava se fosse transportada por 500 quilômetros (cerca de 300 milhas).[25]

2

O GRANDE CANAL DA CHINA, A PRENSA TIPOGRÁFICA E A PESTE

CONSIDERANDO QUE MAIS DE DOIS TERÇOS DA SUPERFÍCIE DO NOSSO planeta é coberto por água, talvez ele devesse ser chamado de "Água" em vez de "Terra". Durante milênios, os seres humanos viajaram pelas águas em embarcações movidas a remos, velas ou ambos. Transportar mercadorias por água era mais barato do que transportá-las por terra. Isso fez com que os rios e oceanos fossem mais importantes para o comércio do que as estradas. Os soberanos chineses da dinastia Sui (581 a 618 DEC) construíram o Grande Canal da China, o mais extenso canal ou rio artificial do mundo. Com mais de 1.600 quilômetros (1.000 milhas) de extensão, conecta o Rio Amarelo e o Rio Yangtze. A motivação inicial para a construção do canal era que o governo em Pequim pudesse coletar grãos cobrados como impostos.[1]

No entanto, o canal também ajudou a impulsionar o comércio entre as províncias e contribuiu para o engajamento econômico e a abertura cosmopolita que fizeram a China prosperar durante a dinastia Tang (618 a 907 DEC). O fechamento do Grande Canal da China no início do século XIX causou dificuldades econômicas e agitação social nas províncias vizinhas, retratando sua importância.[2] O Grande Canal da China é menos famoso do que a Grande Muralha da China, apesar de ter sido economicamente mais significativo. A construção do Grande Canal da China impulsionou a prosperidade, incentivou as viagens e melhorou a estabilidade política. Por volta do ano 1000, os padrões chineses de vida eram mais altos do que na Inglaterra; convertida para a moeda atual, a renda média diária por pessoa era de US$3,36 na China, em comparação com US$3,15 na Inglaterra.[3]

Mundo afora, a importância da navegação marítima significava que as cidades mais bem-sucedidas eram as costeiras, preferencialmente com portos de águas profundas que possibilitavam que os navios se protegessem contra as tempestades. Lisboa, Alexandria e Atenas estavam entre as cidades que prosperaram na era de ouro do transporte marítimo. As cidades portuárias se tornaram centros financeiros. Em Gênova, os cambistas armazenavam as moedas dos mercadores, liquidavam dívidas movimentando dinheiro entre contas e forneciam empréstimos para financiar novas viagens.[4]

Em Veneza, uma nova forma de compartilhamento de riscos chamada da *colleganza* possibilitou que mercadores menos abastados financiassem as viagens marítimas concordando em compartilhar os lucros com os investidores.[5] O sistema pavimentou o caminho para a mobilidade ascendente dos mercadores e, no início dos anos 1300, Veneza era um centro bancário mundial. Mas, então, as famílias estabelecidas de Vene-

Por volta do ano 1000, os padrões chineses de vida eram mais altos do que na Inglaterra; convertida para a moeda atual, a renda média diária por pessoa era de US$3,36 na China, em comparação com US$3,15 na Inglaterra.

za bloquearam o acesso dos plebeus à *colleganza*, consolidando sua posição no topo da hierarquia econômica. O patronato substituiu o mérito. Veneza perdeu sua posição como líder no comércio global e sofreu uma série de derrotas militares. A inovação e o igualitarismo foram substituídos pelo fisiologismo interno — e os venezianos ficaram mais pobres por causa disso.

MOBILIDADE SOCIAL

No âmbito do antigo sistema feudal chinês (fēngjiàn), do sistema tradicional de castas da Índia e do feudalismo medieval europeu, a posição de uma pessoa na sociedade era determinada desde o nascimento. A mobilidade entre as gerações era limitada, pois o status social de uma criança estava diretamente relacionado ao status de seus pais.

Nas sociedades capitalistas modernas, a maioria das pessoas fica horrorizada com um sistema de classes tão inflexível. Pessoas de todo o espectro ideológico valorizam a mobilidade social — a ideia de que qualquer pessoa pode "vencer na vida". No entanto, na prática, os países se diferenciam de maneira considerável quanto ao grau em que os resultados das crianças estão relacionados aos de seus pais. Os maiores níveis de mobilidade tendem a ser encontrados na Escandinávia, enquanto os mais baixos estão na América Latina.

Uma das razões para isso é que a desigualdade (a lacuna entre ricos e pobres) está altamente relacionada à mobilidade (a relação entre a renda dos pais e a dos filhos). A fim de entender isso, podemos recorrer à analogia de uma escada: a desigualdade representa a distância entre os degraus, e a mobilidade representa a chance de alguém subir ou descer esses degraus. Quando os degraus estão mais distantes, menos pessoas sobem. Isso ficou conhecido como "a Curva do Grande Gatsby" (CGG).[6] Como é mais desigual do que a Escandinávia, a América Latina também tem menos mobilidade.

Até agora, discutimos mobilidade social em uma única geração. Mas outra abordagem possibilita analisar diversas gerações, com o intuito de testar a persistência das dinastias. Para compreender os padrões de mobilidade social a longo prazo, o economista Gregory Clark usa sobrenomes raros para testar se as sociedades são fluidas ou estáticas.[7] Vejamos o caso de Samuel Pepys (1633–1703), o diarista que atuou como secretário do Almirantado Britânico. Nos últimos cinco séculos, pessoas com o sobrenome Pepys frequentaram as universidades de Oxford e de Cambridge a uma taxa, pelo menos, vinte vezes maior do que a da população em geral. Nos casos em que podemos acompanhar o valor de suas propriedades, os Pepyses deixaram uma fortuna cinco vezes maior do que a média britânica, no mínimo. Apenas em uma sociedade com níveis extremamente baixos de mobilidade social esperaríamos que um nome persistisse entre as elites dessa forma.

Sobrenomes raros de elite perduram em outros países também. No início da década de 1920, as autoridades fiscais dos Estados Unidos divulgaram os nomes das pessoas com maiores rendimentos. Um século depois, pessoas que ostentam esses sobrenomes têm de três a quatro vezes mais chances de exercerem profissões de médicos ou de advogados. Nos Estados Unidos, os residentes que ostentam o sobrenome de alto status Katz, por exemplo, têm seis vezes mais chances de exercerem profissões dessas duas áreas de atuação.

No Japão, os sobrenomes de samurais remontam à época antes da Restauração Meiji, de 1868. Na era moderna, eles são super-representados, pelo menos, quatro vezes mais entre médicos, advogados e autores acadêmicos. Na China, os sobrenomes Qing foram representados em uma proporção maior entre a elite do século XIX, e também são super-representados entre os presidentes de conselhos corporativos contemporâneos e funcionários do governo.

No Chile, os sobrenomes super-representados entre os proprietários de terras na década de 1850 ainda figuram entre as profissões de alta renda. Na Suécia, um conjunto de "sobrenomes nobres" foi criado nos séculos XVII e XVIII. Atualmente, esses sobrenomes têm o dobro da parcela esperada de médicos e cinco vezes a parcela esperada de advogados. O status social é notoriamente persistente, mesmo ao longo de dez gerações.

Outra cidade cuja riqueza foi moldada pelo comércio marítimo foi Bruges, situada no estuário de Zwin. A cidade era tão abastada em 1301 que, ao visitá-la, a Rainha da França ressaltou: "Pensei que só eu fosse

Quando romperam com a Igreja Católica, Martinho Lutero e seus seguidores incentivaram seus adeptos a ler a Bíblia por si mesmos.

rainha, mas vejo que tenho seiscentas rivais aqui".[8] Após dois séculos, quando o estuário de Zwin assoreou, a economia de Bruges definhou. O centro comercial da região se deslocou 80 quilômetros (50 milhas) a oeste, para a Antuérpia, onde os navios podiam atracar com facilidade. Com o tempo, a cidade foi apelidada de "Bruges-La-Morte".

O comércio e a migração eram mais valiosos quando introduziam novas ideias e produtos que podiam ser reproduzidos. Os óculos de leitura foram inventados na Itália por volta da década de 1290 e mais do que depressa se difundiram pela Europa. No século XIV, os comerciantes levaram o milho para a China (e, mais tarde, a batata-doce), fornecendo fontes básicas de alimentos para regiões que não recebiam chuva suficiente, a fim de viabilizar o cultivo de arroz; isso levou a um crescimento vertiginoso da população nos séculos seguintes.[9] A prensa tipográfica móvel foi inventada na Alemanha por volta de 1440 e deu início à Revolução da Impressão. Nos 50 anos seguintes, mais livros foram produzidos do que nos 1000 anos anteriores.[10]

Os economistas caracterizam os bens físicos como "rivais" e as ideias como "não rivais". Quando lhe entrego três maçãs, não tenho mais três maçãs. Mas se eu o ensinar a fazer malabarismos com maçãs, ambos estamos compartilhando a diversão (especialmente se não nos importarmos em comer maçãs machucadas). O conceito de não rivalidade é essencial para a forma como os economistas enxergam a inovação. No caso de inovações como os óculos de leitura e a prensa tipográfica, nenhuma foi assegurada pelas leis de propriedade intelectual. Isso fora uma dádiva para os consumidores, pois significava que outros poderiam copiá-las, adaptá-las e melhorá-las. Mas a capacidade de copiar sem restrições reduziu o incentivo para invenções. Ao longo dos séculos vindouros — começando com o estatuto de patentes de Veneza de 1474

— os países instituíram leis de patentes, que concediam aos inventores o monopólio temporário em troca do compartilhamento de suas ideias.

A disseminação do conhecimento também foi impulsionada por uma das principais mudanças sociais desse período: a Reforma Protestante. Quando romperam com Igreja Católica, Martinho Lutero e seus seguidores incentivaram seus adeptos a ler a Bíblia por si mesmos. Isso impulsionou os níveis de alfabetização e estimulou o desenvolvimento econômico nas áreas protestantes da Alemanha. Na verdade, mesmo na Alemanha moderna — 500 anos após Lutero —, os protestantes tendem a ser mais instruídos e a ter rendimentos mais elevados.[11]

Na Idade Média — o período do século V ao século XV —, a religião impactou o desenvolvimento econômico de outras maneiras. Laços estreitos de confiança entre as comunidades judaicas as posicionavam idealmente para prosperar no negócio de empréstimos e de transferências de dinheiro, que era ao mesmo tempo lucrativo e estigmatizado. Desde sua fundação em 610 EC, o Islã estava estritamente relacionado ao comércio (Maomé era mercador), e a confiança entre os muçulmanos ajudou a aumentar o comércio nas comunidades islâmicas.[12] A economia também ajuda a explicar as guerras religiosas. A Primeira Cruzada (1096–1099) pode ser considerada uma tentativa da Igreja Católica de expandir seu monopólio em novos territórios.[13]

Durante a Idade Média, muitas pessoas na Europa viviam conforme o feudalismo, um sistema em que a terra era propriedade dos senhores e cultivada pelo campesinato. Na verdade, os camponeses proviam alimentos para a nobreza em troca de proteção contra criminosos. Havia poucas chances de ascensão na hierarquia e o clero mantinha a ordem social.

Não era incomum que os artesãos entalhassem os preços que cobravam nas pedras dos muros, literalmente, pois sabiam que suas tarifas não mudariam muito de uma geração para a outra. Por mais que algumas mudanças tecnológicas tivessem ocorrido (como a disseminação de moinhos de água que observamos anteriormente), a vida permanecia difícil. Mesmo no final da Idade Média, boa parte das pessoas teria uma dieta parca, consumindo carne e peixe somente ocasionalmente para complementar ensopados pouco apetitosos e grãos ricos em amido pouco variados. Não havia livros impressos, a maioria das casas tinha poucos móveis e ninguém tinha água encanada. Um arranhão podia infeccionar e levar à morte, e as doenças eram corriqueiras. Um em cada três bebês morria antes do primeiro aniversário, e o parto ceifava a vida de um terço das mães.[14]

A pior bactéria era a *yersinia pestis*, apelidada de Peste Negra. A peste bubônica se originou na Ásia Central e foi trazida para a Europa em 1347 por comerciantes genoveses que zarpavam do Mar Negro. Ela ceifou a vida de cerca de um terço da população da Europa — uma quantidade de vítimas maior do que a causada pelas guerras mais brutais. No Cairo, matou metade da população. Os muçulmanos que faziam a peregrinação do Hajj levaram a doença para Meca em 1349. Nas cidades, a proximidade acelerou a propagação da doença, por isso as pessoas fugiram para o campo. Uma das fugas mais famosas é de Giovanni Boccaccio, que fugiu de Florença — cidade em que três quartos da população morreram — para escrever sua obra-prima *O Decamerão*. De 1300 a 1400, a população mundial diminuiu de 430 milhões para 350 milhões.

A Peste Negra também ilustra um exemplo trágico da economia na prática.[15] A escassez de trabalhadores dobrou os salários reais europeus (ou seja, os salários após a inflação). De repente, havia abundância relativa de terra, então os aluguéis diminuíram. Isso contribuiu para alterar o equilíbrio de poder em favor dos camponeses e em detrimento dos proprietários de terras. Em grande parte, a peste matou o feudalismo. A Peste Negra também impactou os preços. Alimentos simples, como o trigo, ficaram mais baratos. Produtos manufaturados que exigiam muita mão de obra ficaram mais caros. Com o aumento dos salários e a queda dos arrendamentos de terra, os agricultores direcionaram sua produção para a agricultura intensiva em terras, como a pecuária bovina e ovina. Em resposta ao aumento de renda, os trabalhadores começaram a consumir mais carne. Houve uma crescente demanda por cerveja, um indicador do padrão de vida da época.

"Lord have mercy on London" [Senhor, tenha piedade de Londres]: uma xilogravura representando a Peste Negra.

O crescimento na Europa pode ter sido lento para os padrões atuais, mas, por volta de 1400, era a região mais rica do globo. Como sabemos, o sucesso da Europa estava enraizado na sorte. Comparada com a África e as Américas, a Eurásia tinha mais plantas e animais domesticáveis, e sua ampla geografia possibilitava que as pessoas se deslocassem mais enquanto permaneciam na mesma faixa climática.

3

O PERÍODO DAS GRANDES NAVEGAÇÕES A VELA

A RELATIVA PROSPERIDADE DA EUROPA FINANCIOU MELHORIAS CONSTANTES na tecnologia marítima. Os navios dessa época tinham três mastros ou eram "totalmente equipados" com cascos mais robustos e usavam lemes em vez de remos de direção. Os avanços relacionados às velas possibilitaram navegar contra os ventos. Navios maiores poderiam fazer viagens mais longas. Melhores bússolas, mapas e compreensão dos padrões de vento possibilitaram que os navios navegassem por rotas mais rápidas. A invenção do astrolábio náutico permitiu que os marinheiros descobrissem sua latitude.

Apesar disso, o conhecimento dos primeiros exploradores ainda era limitado. Ao cruzar o Atlântico em 1492, Cristóvão Colombo esperava encontrar a Índia e a China, não as Américas (a nomenclatura equivocada das Índias Ocidentais retrata esse erro). Outras grandes expedições se seguiram. Em 1498, Vasco da Gama estabeleceu uma rota marítima para a Índia. Em 1519, Fernão de Magalhães iniciou a primeira expedição

No século XVIII, os europeus traficaram cerca de 10% da população africana através do Atlântico. Amontoadas em navios, desnutridas e vulneráveis a doenças, mais de uma em cada dez pessoas capturadas não sobrevivia à jornada.

a circum-navegar o globo (embora o próprio Magalhães não tenha retornado para casa, falecendo em batalha nas Filipinas). A economia estava no cerne dessas expedições — os exploradores buscavam financiar suas jornadas com novos produtos, novos mercados e novas terras.

"Descobrir" novos países e reduzir o custo do transporte foram essenciais para o crescimento do comércio. No século XVI, o "intercâmbio colombiano" levou milho, batatas e pimentas das Américas para a Europa, além de laranjas, açúcar e porcos para as Américas. Tragicamente, também levou doenças como varíola, sarampo, gripe e catapora para as Américas, dizimando mais de quatro quintos da população em algumas regiões.

Outro aspecto execrável do comércio foi o tráfico de mais de 12 milhões de pessoas através do Oceano Atlântico entre 1501 e 1866.[1] A magnitude dessa empreitada cruel é inacreditável.[2] No século XVIII, os europeus traficaram cerca de 10% da população africana através do Atlântico. Amontoadas em navios, desnutridas e vulneráveis a doenças, mais de uma em cada dez pessoas capturadas não sobrevivia à jornada. Nos mercados escravagistas, era rotina separar pais dos filhos e cônjuges. Uma análise do mercado escravagista de Nova Orleans (o maior dos Estados Unidos) estima que mais de quatro quintos das pessoas vendidas foram separadas de seus familiares imediatos.[3]

Os portugueses foram responsáveis por quase metade de todas as pessoas escravizadas, sendo o Brasil o destino de mais de um terço delas. Espanhóis, franceses e holandeses também foram proeminentes traficantes de escravos. Nas colônias de destino no Caribe e nas Américas, os escravizados eram forçados a trabalhar em plantações que exigiam mão de obra intensiva — inicialmente açúcar, depois algodão e tabaco. A escravização foi uma importante fonte de riqueza para algumas nações europeias, representando cerca de 5% da renda nacional britânica no final do século XVIII e ajudando a impulsionar o desenvolvimento industrial desse país.[4]

Na mesma época, o ouro e a prata se tornaram produtos de exportação vitais. De 1500 a 1800, milhares de toneladas de prata foram enviadas do México e da Bolívia para a Espanha. No entanto, em uma era de hostilidade entre as potências europeias, os marinheiros não podiam esperar ter passagem segura se encontrassem navios de outras nações. Em um incidente, o explorador inglês que se tornou pirata, Francis Drake, roubou um navio espanhol que carregava 36 quilos (79 libras) de ouro e 26 toneladas de prata (29 toneladas norte-americanas ou tonelada curta). Ele fora aclamado como herói na Inglaterra e vilipendiado como criminoso na Espanha.

Mas talvez a Espanha não devesse ter ficado tão indignada com o roubo de Drake, pois o influxo colossal de ouro e prata acabaria prejudicando sua economia.[5] Como metais preciosos eram a moeda da época, a chegada de navios carregados de ouro e prata equivalia a um governo moderno imprimindo dinheiro em excesso. Os preços de bens e serviços subiram. As importações cresceram e as exportações diminuíram. Sintomaticamente, a região à qual os metais preciosos chegavam, a Andaluzia, foi a primeira a sofrer as consequências. Os fabricantes espanhóis de navios, de cordas e de seda se viram incapazes de competir no mercado mundial e suas atividades comerciais fracassaram. Em 1500, a Espanha era uma das nações mais ricas do mundo. Dois séculos depois, era uma terra marginalizada. Um paralelo com a experiência da Espanha é a moderna "maldição dos recursos naturais", na qual valiosos ativos minerais podem acabar empobrecendo uma nação. Entre as nações de baixa renda, aquelas com depósitos significativos de recursos tendem a crescer mais lentamente.

OS MÉDICI

A família italiana Médici figura entre os filantropos mais bem-sucedidos da história. Ao apadrinhar uma série de artistas, incluindo Brunelleschi, Botticelli, Da Vinci, Michelangelo e Rafael, eles ajudaram a impulsionar o Renascimento Italiano. Além disso, apoiaram o astrônomo Galileu Galilei, financiaram os Jardins Boboli, em Florença, e construíram a Galeria Uffizi.

Originários de uma aldeia no norte da Toscana, membros da família Médici se mudaram para Florença no século XII, ganhando a vida no comércio de produtos têxteis. Em 1397, a família fundou o Banco Médici, que se tornou o maior banco da Europa. Eles foram os primeiros a usar a contabilidade de partidas dobradas e beneficiaram-se da força de Florença no artesanato, controlada por uma série de poderosas guildas.

Como banqueiros, os Médici tinham interesse na estabilidade econômica e forjaram parcerias com outras famílias poderosas em Florença. Seu foco era adquirir recursos por meio do comércio, não tomar terras por meio da conquista militar. Durante a maior parte do século XV, Florença foi governada por três gerações dos Médici: Cosimo, Piero e Lorenzo.

O domínio dos Médici em Florença foi interrompido em duas ocasiões (1494–1512 e 1527–1530), mas eles continuaram a consolidar seu poder em toda a Itália. Entre 1513 e 1605, quatro membros da família Médici ascenderam ao papado na Igreja Católica — Papa Leão X, Papa Clemente VII, Papa Pio IV e Papa Leão XI. Na mesma época, a família também trouxe ao mundo duas rainhas da França: Catarina de Médici e Maria de Médici.

O poder da família diminuiu no século XVIII, mas seu impacto duradouro na arte e na arquitetura continua a inspirar patronos abastados até hoje.

Lorenzo de Médici, apelidado de Lorenzo, o Magnífico, foi o patrono mais significativo do Renascimento Italiano.

Embora trouxessem consigo vírus mortais, os colonizadores europeus também eram suscetíveis às doenças locais. Como os riscos variavam drasticamente, os padrões de doença moldaram os padrões do colonialismo na "Era dos Descobrimentos".[6] No início do século XVII, os Peregrinos Ingleses [Pilgrim Fathers] cogitaram navegar no navio *Mayflower* rumo à Guiana, na América do Sul, mas acabaram escolhendo os Estados Unidos devido às altas taxas de mortalidade da Guiana. Na África Ocidental, a malária e outras doenças tropicais ceifaram a vida de cerca de metade dos colonos europeus no primeiro ano após a chegada deles — frustrando efetivamente as tentativas de estabelecer estradas e instituições. Havia pouco incentivo para investir em áreas em que as chances de morrer eram aterradoramente altas.

Nos países em que a mortalidade dos colonos era relativamente baixa, como Canadá, Estados Unidos, Chile e Austrália, as potências coloniais investiram em tudo, desde ferrovias até universidades. Nas nações em que a mortalidade dos colonos era alta, como Nigéria, Angola e Madagascar, a relação era fundamentalmente extrativista, desenvolvida para extorquir o máximo de riqueza possível. Os colonos se apoderavam de escravos, de ouro e de outras commodities preciosas. A abordagem extrativista chegou ao seu pior momento no final da era colonial, quando o Rei Leopoldo II da Bélgica explorou desumanamente o Congo: matando, mutilando e roubando a população nativa. Mesmo que nada possa justificar a barbárie do colonialismo extrativista, a prevalência variada da malária ajuda a explicar por que os colonos europeus investiram muito mais nos Estados Unidos do que na África Ocidental e por que o tráfico transatlântico de escravizados ocorreu de leste a oeste, e não o contrário.

O colonialismo nem sempre foi uma empreitada governamental. A maior empresa da história pode muito bem ter sido a Companhia Holandesa das Índias Orientais, uma multinacional formada em 1602 pela fusão de diversas empresas de trading. Nos dois séculos seguintes, a Companhia Holandesa das Índias Orientais manteve um exército próprio, construiu fortes, celebrou tratados com governantes nativos e, em geral, comportou-se como uma potência colonial. Negociava especiarias, seda, café, cana-de-açúcar e vinho, era proprietária de centenas de navios e empregava dezenas de milhares de pessoas. Com suas operações centralizadas na Indonésia, a companhia tinha importantes entrepostos na China, no Japão, na Índia, no Sri Lanka e na África do Sul.

Como os investidores podiam comprar ações da Companhia Holandesa das Índias Orientais, ela foi a primeira empresa de capital aberto do mundo. Do ponto de vista dos investidores, isso era vantajoso porque diluía os riscos. Em vez de arriscar tudo em um único navio, os acionistas poderiam investir uma pequena quantia em muitas expedições marítimas diferentes. Por mais que as atividades marítimas fossem potencialmente lucrativas, também eram extremamente perigosas. Piratas, tempestades e escorbuto poderiam condenar uma viagem ao fracasso. Os preços poderiam mudar subitamente. Assim como a maioria dos investidores modernos prefere uma ampla carteira de ações, os investidores do século XVII preferiam investir dinheiro em uma grande companhia. Os investidores também gostavam do fato de a Companhia Holandesa das Índias Orientais ser um monopólio, pois o governo holandês lhe concedia poder exclusivo para operar na Ásia em nome dos Países Baixos. Mas os consumidores arcavam com os custos, pois a empresa usou sua posição no mercado para cobrar preços excessivos nas rotas que controlava.

O mesmo se aplicava à Companhia Britânica das Índias Orientais, cujo monopólio lhe permitia cunhar moeda, formar um exército, cobrar impostos, realizar julgamentos criminais e transportar pessoas escravizadas da Ásia e da África. Nas Ilhas Molucas da Indonésia, até então conhecidas como Ilhas das Especiarias, o conflito entre a companhia e sua contraparte holandesa ajudou a desencadear quatro Guerras Anglo-holandesas. Na Índia, o poder da Companhia Britânica das Índias Orientais era praticamente ilimitado. Por meio da força das armas e de tratados com governantes provinciais indianos, a companhia chegou a controlar dois terços do subcontinente indiano — a área que compõe a Índia, o Paquistão e Bangladesh modernos.[7] A Companhia Britânica das Índias Orientais impactou de forma indelével nosso mundo. O chá que transportava foi despejado no porto de Boston no início da Revolução Americana, e o conflito a respeito das vendas de ópio para a China desencadeou as Guerras do Ópio. O comerciante de chá Thomas Twining e

No século XVI, a mendicância era punida com açoite, encarceramento, marcação a ferro quente (com a letra "V" para vagabundo) e até enforcamento. Para os incapazes de trabalhar, isso significava a escolha entre fome ou punição.

o benfeitor da Universidade de Yale, Elihu Yale, começaram trabalhando para a Companhia Britânica das Índias Orientais (a empresa demitiu Yale por corrupção, e seus ganhos ilícitos ajudaram a impulsionar a universidade que hoje ostenta seu nome).

Os riscos em alto-mar exigiam soluções econômicas engenhosas. Na Grécia Antiga, aqueles que organizavam uma viagem marítima vendiam "títulos de hipoteca naval [bottomry bonds']", em que pagavam uma alta taxa de juros se o navio chegasse ao porto, mas nada se afundasse. Em 1293, o Rei D. Dinis de Portugal estabeleceu o primeiro fundo de seguro marítimo da Europa, possibilitando que os mercadores organizassem viagens sem arcar com todos os riscos de uma catástrofe.[8] As origens do seguro ainda são relevantes hoje. O seguro é mais útil quando cobre um risco desastroso: a casa que pegou fogo, a colisão com um carro caro, a morte do único provedor da família. Mas, se o custo de um item for inferior à renda de um mês, provavelmente é melhor correr o risco. Faça um seguro para sua casa, não para seu celular.

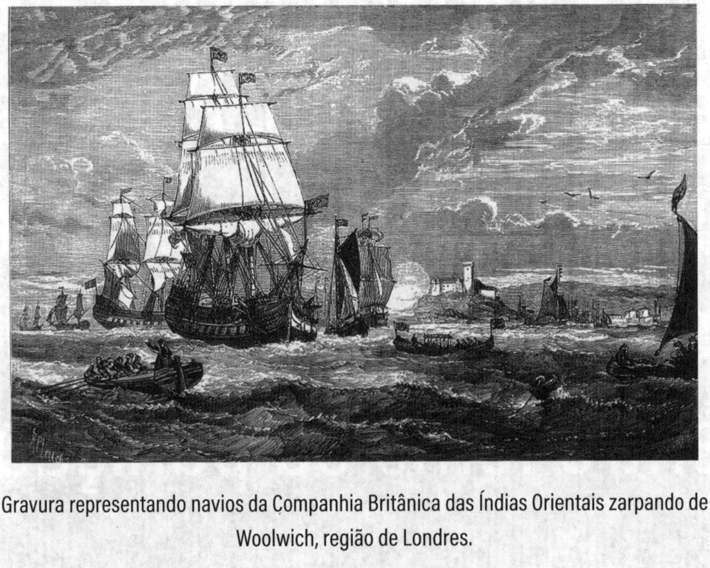

Gravura representando navios da Companhia Britânica das Índias Orientais zarpando de Woolwich, região de Londres.

Ao longo da história, um dos maiores riscos que a humanidade enfrentou foi a escassez de recursos. E, para quem tem pouco dinheiro, é difícil se proteger contra a pobreza. Na Idade Média, antes da existência do seguro de previdência social, os necessitados recebiam pouca ajuda. Na Inglaterra, a assistência àqueles que não eram capazes de trabalhar surgiu de um forte senso moral de que o bem-estar social era apenas para os "pobres merecedores". No século XVI, a mendicância era punida com açoite, encarceramento, marcação a ferro quente (com a letra "V" para vagabundo) e até enforcamento. Para os incapazes de trabalhar, isso significava a escolha entre fome ou punição.

Na França, a Ordenança de Moulins de 1561 estabeleceu um sistema de auxílio aos pobres que exigia que as autoridades locais prestassem assistência aos necessitados, ao mesmo tempo que lhes conferia o poder de exigir que indivíduos aptos trabalhassem em troca de qualquer auxílio recebido. Uma filosofia semelhante respaldou as Leis dos Pobres da Inglaterra de 1601, que forneciam parcas rações por meio das paróquias, mas negavam "pães paroquiais" aos "pobres indignos". Mesmo quando a sociedade podia alimentar os famintos, havia uma apreensão excessiva de que o auxílio pudesse diminuir o incentivo ao trabalho.

Shakespeare escreveu a maioria de suas peças teatrais entre 1590 e 1610. Ao assistir *Hamlet* ou *Romeu e Julieta*, o Bardo e sua geração podem parecer próximos de nós, enfrentando os mesmos desafios nas esferas do amor, da esperança e da traição. Há até lições econômicas — *A Tempestade* nos lembra dos perigos do comércio global, *O Mercador de Veneza* explora o problema do cumprimento de contratos e *Henrique IV* contém observações perspicazes sobre a escassez.

No entanto, de outra perspectiva, o mundo de Shakespeare era totalmente diferente. Sua época fora marcada pela escravização e pela superstição. Durante os séculos XVI e XVII, quase um milhão de pessoas foram mortas pelo crime de bruxaria. A brutalidade era tamanha que, em uma cidade alemã, 400 pessoas foram mortas em um único dia. A maioria das vítimas eram mulheres pobres, muitas delas viúvas. Em uma análise fascinante, a economista Emily Oster mostra que as colheitas malsucedidas eram um forte preditor de julgamentos por bruxaria.[9] Quando as condições econômicas pioravam, as pessoas procuravam um bode expiatório. O período mais ativo dos julgamentos de bruxaria coincidiu com os períodos mais frios da "Pequena Era do Gelo: na década de 1590 e entre 1680 e 1730.

MANIA DAS TULIPAS

As tulipas foram introduzidas na Europa pelo Império Otomano em meados do século XVI. Suas cores intensas as diferenciavam de qualquer outra flor vista na Europa na época. Botânicos cultivaram diferentes variedades, criando uma profusão de cores. Horticultores descobriram que, ao infectar os bulbos com o vírus do mosaico, era possível criar pétalas matizadas com uma segunda cor.

Com sólidos mercados financeiros, a Holanda se tornou o epicentro das tulipas durante o século XVII. As vendas ocorriam na fase de dormência, de junho a setembro, quando os bulbos podiam ser desenterrados e realocados.

À medida que a mania das tulipas crescia, os preços daquelas infectadas com o vírus do mosaico dispararam. Embora parecesse irracional, a valorização tinha um fundamento: uma tulipa desejada e apreciada só poderia ser reproduzida por meio da brotação do bulbo mãe infectado, e não pela simples propagação de sementes. Em 1625, um bulbo de tulipa

Semper Augustus foi vendido por 2.000 florins, o equivalente moderno a US$16.000.[10] Em 1637, os preços despencaram.

Não raramente, o colapso do mercado de tulipas é considerado uma das primeiras bolhas financeiras da história. Mas, como em todas as boas histórias, há certa dose de exagero. Economistas constataram que somente os bulbos mais raros (aqueles infectados com o vírus do mosaico) tinham preços exorbitantes e que os preços caíram cerca de dois terços a quatro quintos em um período de cinco anos — não sendo uma queda tão acentuada como às vezes é relatada.

No entanto, a mania das tulipas impulsionou o progresso da inovação. No início do século XVIII, os botânicos holandeses haviam criado muitas variedades novas, e o jacinto substituiu a tulipa como a flor mais elegante da Europa. Ao contrário de outras bolhas financeiras, a mania das tulipas não afetou a economia holandesa, que continuou a prosperar ao longo dessa era.

A tulipa Semper Augustus causou furor na Europa da década de 1620.

4

A REVOLUÇÃO INDUSTRIAL E A RIQUEZA DAS NAÇÕES

NO DECORRER DA HISTÓRIA DA HUMANIDADE, O AUMENTO DOS PADRÕES de vida é um fenômeno relativamente novo. Como vimos, a Revolução Agrícola possibilitou o crescimento das populações, porém as condições materiais da maioria das pessoas praticamente não mudaram. No Japão, a renda média real e diária era de US$2,80 no século X e de US$2,90 no século XVII.[1] Não se trata de uma história excepcional: seria raro, nessa época, que os filhos tivessem vidas mais prósperas do que os pais. Na verdade, um historiador econômico vai além, argumentando que, no século XVIII, a maior parte da população mundial vivia vidas que não eram melhores do que as de seus ancestrais na savana africana.[2] As pessoas não eram mais altas, a expectativa de vida não era maior e elas não consumiam mais calorias. Os apreciadores de chá que povoam os romances de Jane Austen eram exceções raras que fugiam à regra em um mundo onde a penúria era a norma. Em geral, o crescimento econômico havia levado a uma população maior, não a um melhor padrão de vida.

Assim como as empresas tecnológicas atuais são mais produtivas no Vale do Silício, os industrialistas eram mais produtivos nas cidades inglesas da Revolução Industrial.

Com a Revolução Industrial, tudo isso mudou. Desde então, a expectativa de vida ao nascer duplicou, a renda real aumentou quatorze vezes e a estatura média das pessoas aumentou cerca de 10 centímetros (4 polegadas).[3] Na economia moderna, acreditamos que o crescimento proporcione padrões de vida mais elevados a cada geração sucessiva. Mas, antes da Revolução Industrial, o crescimento econômico era díspar e lento.

O economista Robert Allen defende que a melhor forma de entender a Revolução Industrial é considerá-la um conjunto de revoluções entrelaçadas.[4] A agricultura inglesa era altamente produtiva, graças ao melhoramento de plantas por meio da seleção artificial, ao aprimoramento do cultivo do solo e à rotação de culturas. Como a produção de alimentos passou a ser feita por um número menor de pessoas, a Inglaterra experienciou uma "Revolução Urbana", já que, por volta de 1750, um quarto da população vivia nas cidades. A urbanização, por sua vez, fomentou uma "Revolução Comercial": fruto das impenetráveis interconexões sociais em Londres e em outras cidades inglesas.

As importações e exportações cresceram em um ritmo vertiginoso, e surgiram bancos privados para facilitar o comércio marítimo. As cidades também possibilitavam a inovação. Como o economista Alfred Marshall observaria mais tarde, a proximidade física cria algo "no ar" — um ambiente em que ideias novas são compartilhadas e aprimoradas com rapidez. Assim como as empresas tecnológicas atuais são mais produtivas no Vale do Silício, os industrialistas eram mais produtivos nas cidades inglesas da Revolução Industrial.

Entre as revoluções entrelaçadas, a mais importante foi a tecnológica. Durante o século XVIII, "uma onda de invenções se abateu sobre a Inglaterra".[5] A máquina de fiar de James Hargreaves, a Spinning Jenny, possibilitou que os trabalhadores fiassem múltiplos fios, tornando o processo de produção de fio de algodão 100 vezes mais eficiente em uma única geração.[6] A indústria do ferro foi transformada pelo uso de coque em vez de carvão vegetal, pelo processo de pudlagem para produzir ferro em barras e por altos-fornos maiores. Thomas Newcomen inventou a máquina a vapor em 1712, e James Watt a refinou nas décadas de 1760 e 1770. As abundantes reservas de carvão da Inglaterra foram importantes para o sucesso do vapor e começaram a contribuir para o acúmulo de carbono atmosférico que, atualmente, sabemos ser a causa das mudanças climáticas.

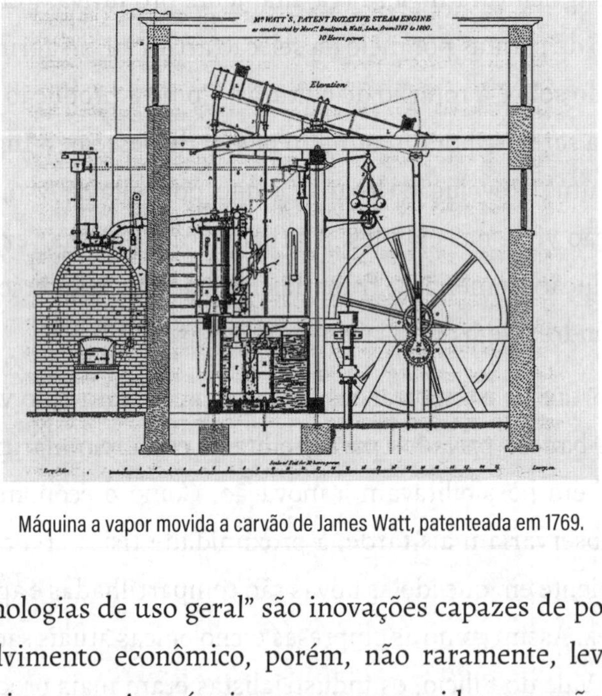

Máquina a vapor movida a carvão de James Watt, patenteada em 1769.

As "tecnologias de uso geral" são inovações capazes de potencializar o desenvolvimento econômico, porém, não raramente, levam tempo para gerar impacto. As máquinas a vapor movidas a carvão revolucionaram fábricas, transformaram o transporte marítimo e possibilitaram as viagens ferroviárias. No entanto, os fabricantes demoraram um tempo para aproveitar ao máximo a energia a carvão. Quando a patente de James Watt expirou em 1800, as fábricas britânicas ainda usavam três vezes mais energia hidráulica do que energia a carvão.[7] A primeira grande linha ferroviária — de Liverpool a Manchester — só foi inaugurada em 1830. Foi somente no meio do século que metade do crescimento da produtividade de trabalho na Grã-Bretanha se deveu ao carvão. Uma das razões pelas quais a Revolução Industrial durou tanto tempo é que as pessoas levaram quase um século para explorar o uso adequado do carvão.

O mesmo padrão pode ser observado com outras tecnologias de uso geral. O motor elétrico foi inventado na década de 1880, porém seus ganhos de produtividade só vieram na década de 1920, quando as linhas de montagem foram reconfiguradas para usá-los de modo eficaz. Da mesma forma, milhões de pessoas compraram computadores pessoais no início da década de 1980, mas os ganhos de produtividade dos novos dispositivos só vieram no final da década de 1990, quando o trabalho administrativo foi restruturado para o uso de computadores. Quando se trata de energia a carvão, motores elétricos e computadores, as tecnologias de uso geral decepcionam a curto prazo e surpreendem a longo prazo.

As instituições foram indispensáveis para a Revolução Industrial. Os mercados de capitais possibilitaram que os investidores angariassem recursos. Os mercados de seguros possibilitaram que eles se protegessem contra os riscos. Na Grã-Bretanha, a moeda era relativamente estável e os tribunais eram bastante independentes. O poder da monarquia britânica era limitado e, geralmente, os parlamentares eram favoráveis à indústria e ao empreendedorismo. Isso criou um ambiente fértil para assumir riscos e fazer investimentos a longo prazo.[8]

A economia moderna emergiu do mesmo cadinho da Revolução Industrial. Em 8 de março de 1776, a primeira máquina a vapor de cilindro duplo e lucrativa de James Watt foi disponibilizada no mercado.[9] No dia seguinte, outro escocês, Adam Smith, publicou *A Riqueza das Nações*, obra basilar da economia. *A Riqueza das Nações* foi fruto de uma mente de originalidade espantosa. Smith ingressou na Universidade de Glasgow aos 14 anos e, aos 17, iniciou seus estudos de pós-graduação no Balliol College de Oxford. O pensamento inconformista de Smith pode ter sido moldado por sua experiência em Oxford. Como escreveu um biógrafo, sua faculdade era "jacobita, conservadora (apoiava o antigo Partido Tory), sectária, caríssima, hostil e discriminatória com escoceses; e Adam Smith era presbiteriano, com tendências ao liberalismo clássico (apoiava o antigo Partido Whig], sociável, pobretão e escocês".[10] Smith era impetuoso e excêntrico. Diz-se que certa vez saiu de casa de roupão, pensando em economia, e só percebeu seu erro ao chegar à cidade vizinha, a dezenove quilômetros de distância (doze milhas). Em outra ocasião, ele supostamente caiu em um tanque de curtume enquanto discutia animadamente sobre o livre mercado.[11]

A Riqueza das Nações começa com a descrição de uma fábrica de alfinetes. Trabalhando sozinho, argumentou Smith, um operário teria sorte em fabricar um alfinete por dia. Mas uma equipe com dez pessoas, especializadas em diferentes etapas da produção, poderia fabricar 4.800 alfinetes por pessoa e por dia. Ele também demonstrou como o aparente interesse próprio das pessoas pode ser socialmente vantajoso em um sistema de mercado, observando que: "Não é da benevolência do açougueiro, do cervejeiro e do padeiro que esperamos o nosso jantar, mas da consideração que eles têm pelo seu próprio interesse". Os mercados desempenham um poderoso papel de coordenação. Por isso, é mais provável que você veja escassez de carne, de cerveja e de pão em uma economia planificada do que em uma economia capitalista.

Smith não acreditava que os mercados eram perfeitos. Ao contrário de alguns dos economistas que o sucederiam, ele se preocupava com monopólios, com a influência demasiada das empresas na política e com o conluio entre companhias. Segundo ele, "pessoas do mesmo ramo raramente se reúnem para se divertir. Quando o fazem, sob o manto do lazer, a conversa termina numa conspiração contra o público. Geralmente, num conluio para aumentar o preço do consumidor ou abaixar o preço do fornecedor". Na época, havia pouco que impedisse as companhias de conspirar contra o interesse público, de explorar seu poder de mercado a fim de elevar os preços muito acima do custo de produção e de aliciar governantes para aprovar leis que dissuadissem novos concorrentes.

Assim como a Revolução Industrial estava começando, revoluções políticas estavam ocorrendo em ambos os lados do Atlântico. A Declaração de Independência dos Estados Unidos (1776) e a Revolução Francesa (iniciada em 1789) têm suas raízes no princípio da liberdade individual. Assim como os mercados agregam as preferências individuais em preços e quantidades, as eleições democráticas agregam as preferências individuais em escolhas de governantes. Após mais de dois séculos, a evidência é clara: os padrões de vida são mais elevados em economias de mercado do que em economias controladas. Além disso, as democracias tendem a ser mais ricas e gastam mais em saúde e educação. Nunca na história dois países totalmente democráticos entraram em guerra.[12]

Mercados livres e democracia nem sempre andam de mãos dadas, mas há certa sinergia entre eles. A queda do feudalismo mostrou às pessoas que elas podiam escolher as próprias carreiras. À medida que ganhavam mais independência econômica, era natural que as pessoas também quisessem ter participação na escolha de seus governantes.

Entretanto, eram tempos flagelados pela guerra. Por duas décadas, de 1792 a 1815, os franceses travaram uma série de conflitos — conhecidos como Guerras Revolucionárias e Guerras Napoleônicas — contra uma sucessão ininterrupta de adversários europeus. Em 1815, na época da derrota final de Napoleão, milhões de homens haviam sido mortos. Esses conflitos dispendiosos também tiveram consequências macroeconômicas. Como muitos governos desde então, o governo britânico na década de 1790 decidiu custear seus armamentos imprimindo mais cédulas bancárias. Desde 1717, a Grã-Bretanha operava com o sistema padrão-ouro, possibilitando aos portadores de cédulas bancárias trocá-las por ouro. Tendo aumentado de maneira drástica a quantidade de dinheiro em circulação, o governo britânico suspendeu temporariamente o direito dos portadores de cédulas bancárias de trocá-las por ouro e, em 3 anos, aumentou o nível de preços em 59%.

Uma caricatura depreciativa levou os críticos a chamarem o Banco da Inglaterra de "Velha Senhora [The Old Lady']", um nome que persiste até hoje.[13] O padrão-ouro seria amplamente abandonado durante a Grande Depressão, restabelecido em partes no Acordo de Bretton Woods de 1944 e permanentemente desconsiderado no início da década de 1970.

A caricatura de James Gillray satirizando a política financeira do governo levou as pessoas a chamarem o Banco da Inglaterra de "The Old Lady".

O pensamento econômico dessa época estava enraizado na filosofia. Em 1776, o filósofo Jeremy Bentham escreveu: "É a maior felicidade do maior número... que é a medida do certo e do errado". Bentham é geralmente considerado o fundador do utilitarismo moderno — a noção de que, se tivermos uma escolha, devemos preferir aquela cuja consequência gere o maior bem para o maior número de pessoas.

Às vezes, o utilitarismo pode parecer óbvio. Se um navio está afundando e você pode acomodar com segurança o dobro de pessoas nos botes salva-vidas, a consequência é duas vezes melhor. No entanto, o utilitarismo também pode ter consequências desagradáveis. Se um trem estivesse desgovernado, prestes a atropelar cinco pessoas, você puxaria a alavanca, a fim de desviá-lo para outro trilho em que mataria somente uma pessoa em vez de cinco? Se estivesse em um centro médico, diante de cinco pessoas à beira da morte, por precisarem de transplantes de órgãos diferentes, você se atreveria a tomar a vida da primeira pessoa saudável que entrasse pela porta, extraindo os órgãos necessários, para salvar as outras cinco?

Apesar de implicações esporadicamente desconcertantes, o utilitarismo é o principal arcabouço de pensamento que os economistas usam hoje em dia. Com base no trabalho de Bentham, o economista inglês William Stanley Jevons implementou uma abordagem cada vez mais matemática, explicando a noção de utilidade marginal decrescente. Em um dia mais quente, qualquer pessoa que tenha apreciado o primeiro copo de água mais do que o segundo copo experimentou a utilidade marginal decrescente. Esse singelo princípio tem implicações surpreendentemente amplas. Ele explica por que a maioria das pessoas prefere uma dieta variada e gosta de viajar para lugares diferentes.

Entre as pessoas, a utilidade marginal decrescente pode ser empregada para defender impostos progressivos e bem-estar social. Se um dólar traz mais felicidade a uma pessoa com recursos financeiros limitados do que a um bilionário, a redistribuição pode melhorar a utilidade geral. Essa pessoa pode usar o dinheiro para ir ao dentista, enquanto o bilionário pode escolher um estofamento um pouco melhor para seu jato particular.

O filósofo inglês John Stuart Mill concebeu a noção de *Homo economicus*: apresentando as pessoas como se estivessem buscando maximizar o bem-estar.[14] Mill também ajudou a introduzir a noção de custo de oportunidade — o valor da próxima melhor coisa que você sacrifica. Por exemplo, trabalhar em um turno da noite tem um custo de oportunidade maior do que trabalhar em um turno diurno. Noites em claro significam perder uma noite de sono normal e tempo para socializar com amigos e familiares. Do mesmo modo, pegar uma dispensa do trabalho com o intuito de cursar em tempo integral um MBA acarreta o custo de oportunidade de perda de renda. O custo de oportunidade também pode ser uma forma útil de tomar decisões. Por exemplo, caso esteja indeciso sobre uma compra cara, pode usar um método prático e conveniente: compará-la com a alternativa mais atraente para empregar essa mesma quantia de dinheiro. Talvez o custo de oportunidade de comprar aquela roupa elegante seja não assistir a um show de sua banda favorita.

Os progressos intelectuais da época foram forjados pelas invenções de seu tempo. Em 1835, o químico alemão Justus von Liebig inventou o espelho moderno ao depositar uma fina camada de prata sobre o vidro. Pela primeira vez na história, as pessoas podiam ver com precisão a própria aparência. Como observa o historiador Steven Johnson, "antes da invenção dos espelhos, a pessoa comum passava a vida sem nunca ver uma representação genuinamente precisa de seu rosto, via apenas vislumbres fragmentados e distorcidos em poças d'água ou em metais polidos".[15] Os espelhos possibilitaram aos artistas pintar autorretratos. Eles criaram um mundo mais egocêntrico, que ajudou a impulsionar o capitalismo moderno e o sistema de mercado. Por sua vez, isso resultou em mais vendas de espelhos.

Os relógios também remodelaram a sociedade. Com a invenção do pêndulo, eles se tornaram mais precisos do que os relógios de sol, e o uso dos relógios domésticos começou a se difundir. Os relógios de pulso se tornaram consideravelmente mais precisos com a invenção da espiral de balanço. Os inventores acrescentaram um ponteiro de minutos (que antes não era suficientemente preciso para justificar incluí-lo) à medida que a precisão de seus dispositivos de medição de tempo melhorava.

Isso possibilitou que as fábricas definissem horários de turno, com uma expectativa razoável de que os trabalhadores chegassem na hora certa. Facilitou as viagens ferroviárias, que dependiam de itinerários. A medição rigorosa do tempo também foi uma dádiva para as viagens marítimas, já que os cronômetros marinhos possibilitaram determinar a longitude de um navio. Relógios de qualidade aceleraram a transição da produção artesanal para a produção em massa, do ensino domiciliar [home schooling] para o ensino público e dos ritmos irregulares da era pré-industrial para a disciplina da era industrial.[16]

Nem todos ficaram entusiasmados com as novas invenções que alicerçaram a Revolução Industrial. Em 1811, um grupo aflito de operários têxteis se reuniu em segredo e escreveu aos proprietários das fábricas usando o pseudônimo de "Ned Ludd", ameaçando destruir as máquinas de tricô mecânicas, caso continuassem a ser usadas. Milhares aderiram à causa. Rezava a lenda que Ned Ludd vivia na Floresta de Sherwood, como Robin Hood. Os luditas até receberam o apoio do poeta Lord Byron, que usou seu primeiro discurso na Câmara dos Lordes para sustentar que os luditas eram "íntegros e diligentes" e que sua violência era decorrência da "mais inigualável angústia". Sua opinião, no entanto, representava a minoria. O governo britânico promulgou leis que tornavam a destruição de máquinas um crime capital e mobilizou tantos soldados contra eles que, em determinado momento, havia mais tropas lutando contra os luditas do que contra Napoleão. Centenas de luditas foram deportados para a Austrália por seus crimes.

Uma gravura representando Ned Ludd, a figura fictícia do movimento ludita.

Embora os salários reais dos tecelões de teares manuais tenham caído durante esse período, os luditas estavam equivocados ao afirmar que as mudanças tecnológicas causariam desemprego em massa.[17] Na década de 1811 a 1821, o número de empregos na economia britânica aumentou em mais de 10%.[18]

O sistema de bem-estar social da Grã-Bretanha, baseado em paróquias, presumia que aqueles que distribuíam o bem-estar conheciam os beneficiários pessoalmente, o que se tornou cada vez mais difícil à medida que a população crescia e a mobilidade aumentava. Isso levou à criação de workhouses [casas de assistência e de trabalho, em tradução livre] impessoais, um sistema que partia do princípio que os pobres eram naturalmente preguiçosos e, como consequência, só deveriam receber alimentação e assistência básica em troca de trabalho árduo. A nova Lei dos Pobres da Grã-Bretanha, promulgada em 1834, usava as workhouses para fornecer alimentação e moradia aos necessitados.

Mulheres na Westminster Union workhouse.

Contudo, as workhouses não desejavam alimentar a todos e, assim, implementavam aspectos que tornavam a vida dos residentes particularmente desacolhedora, como uniformes semelhantes aos de prisões e a separação de homens e mulheres. Considerando que a elite britânica era composta pela "landed gentry [aristocracia rural]", que enriquecia com propriedades herdadas, é provável que os pobres trabalhassem mais arduamente do que os ricos. A hipocrisia não passou despercebida por romancistas do século XIX, como George Eliot, Thomas Hardy e Charles Dickens, que retrataram a truculência do sistema das workhouses. Na Irlanda, a Lei dos Pobres do país se revelou totalmente inadequada quando a safra de batatas foi malsucedida na década de 1840. Cerca de um milhão de pessoas morreu e um número semelhante fugiu do país.

Forçados a concorrer com novos produtos, os industrialistas frequentemente recorriam aos governos em busca de ajuda. Essas reivindicações foram ridicularizadas pelo economista francês Frédéric Bastiat, que redigiu uma petição satírica, argumentando que os fabricantes de velas não poderiam competir com “a funesta concorrência de um rival que, ao que parece, colhe vantagens de condições muito superiores às nossas para a produção de luz”. Para concorrer com esse rival — o Sol — a petição demandava uma lei que exigisse que as cortinas fossem fechadas o tempo todo. Isso, argumentava, criaria empregos para agricultores, baleeiros e fabricantes de candelabros.

Escrevendo em tom irônico, Bastiat salientava um ponto econômico fundamental: os custos de bloquear novas tecnologias muitas vezes são invisíveis. Se as pessoas usarem mais velas, terão que reduzir seus gastos em outras áreas. Em outra pseudopetição, Bastiat implorava ao governo que proibisse todos de usar a mão direita, alegando que isso aumentaria de maneira exponencial a demanda por trabalhadores. Não raramente, isso ficou conhecido como a falácia do “bolo de trabalho” — a ideia de que existe uma quantidade fixa de trabalho a ser feito, que pode ser simplesmente realocada entre a população. Na verdade, como os trabalhadores também são consumidores, as mudanças que tornam os funcionários menos produtivos provavelmente reduzirão seus ganhos e, como consequência, reduzirão seus gastos, o que, por sua vez, terá impacto negativo na economia.

Bastiat foi apelidado de “o jornalista econômico mais genial que já existiu”.[19] Seu impacto na economia é ainda mais assinalável, visto que a carreira pública de Bastiat durou apenas seis anos, antes de sua vida ser ceifada pela tuberculose. Apesar de os princípios da economia terem sido moldados majoritariamente por pensadores britânicos e norte-americanos, os pensadores franceses foram bastante influentes nos séculos XVIII e XIX. Os termos "entrepreneur [empreendedor]" e "laissez-faire" retratam o período de influência francesa.

As mudanças tecnológicas da Revolução Industrial foram acompanhadas pelo crescimento do comércio. No século XIX, o comércio já havia transformado a vida de pessoas ao redor do mundo. Produtos de algodão e lã inundaram a China, com fósforos, agulhas, guarda-chuvas e vidros para janelas.[20] O europeu comum bebia chá, consumia chocolate e negociava com moedas de prata.

Nem todos, porém, gostavam do comércio, pelo simples motivo de que uma importação mais barata pode levar os produtores internos à falência. Reconhecendo isso, os produtores podem pressionar por leis, a fim de bloquear as importações. Algumas poucas pessoas, que muito perderiam, tendem a exercer maior influência política do que muitas pessoas, que pouco ganhariam. Isso persiste mesmo que os ganhos totais da maioria excedam as perdas da minoria. Em 1815, essa dinâmica política levou a Grã-Bretanha a impor uma tarifa relativa às importações de grãos para proteger os agricultores locais, já que o trigo britânico custava o dobro do trigo holandês.[21] A briga pelas Corn Laws (conjunto de leis protecionistas, conhecido como Leis do Cereais] se revelaria um ponto crucial no desenvolvimento da economia. David Ricardo foi um dos pioneiros na luta contra as tarifas.

Ainda jovem, Ricardo acumulou vultosa fortuna como corretor da Bolsa de Valores de Londres. Ele, então, dedicou-se à política e à vida intelectual, comprando um assento no parlamento. Ficou fascinado pela economia, descobrindo as obras de Adam Smith durante as férias e decidindo dedicar sua carreira parlamentar à abolição das Corn Laws, pois Ricardo acreditava que, sem esse conjunto de leis, a Grã-Bretanha seria "o país mais feliz do mundo".[22] As obras de Ricardo são mais difíceis de entender do que as de Smith; certa vez, um colega membro do parlamento descreveu Ricardo como "se ele tivesse vindo de outro planeta".[23] No entanto, ele introduziu a ideia de vantagem comparativa (que vimos anteriormente) — princípio fundamental para explicar por que até mesmo a nação mais improdutiva pode se beneficiar do comércio. Embora tenha morrido antes que as Corn Laws fossem desmanteladas, Ricardo desempenhou papel vital em posicionar a Grã-Bretanha no caminho do livre-comércio.

5

COMÉRCIO, VIAGENS E TECNOLOGIA EM ASCENSÃO

Na década de 1840, uma sequência de colheitas frustradas elevou os preços dos grãos na Grã-Bretanha, marcando a era que ficou conhecida como "hungry forties [a fome dos anos quarenta]". O crescente poder dos industrialistas urbanos intensificou a pressão sobre a aristocracia rural, posicionando a economia no centro do debate político inglês durante algum tempo. Em 1843, com o apoio da Anti-Corn Law League [Liga Contra as Corn Law], foi fundado o jornal *The Economist*. Segundo Walter Bagehot, um dos primeiros editores da publicação, "talvez nunca tenha havido outro momento na história mundial em que multidões entusiasmadas de homens e mulheres tenham ficado tão absortas nas palavras de alguém falando sobre economia política".[1] A discussão sobre o livre-comércio agitou a nação, sendo imortalizada em poemas, bordados, bustos e até em bolos.[2] Em 1846, as Corn Laws foram abolidas e, segundo uma análise da época, apenas 10% dos britânicos abastados ficaram em pior situação, beneficiando 90% da camada mais pobre da população. As forças do livre-comércio haviam vencido a batalha.

Em outras paragens, o comércio era literalmente uma batalha. Diante da recusa do governo chinês em permitir que comerciantes britânicos importassem ópio, navios britânicos de guerra atacaram em nome dos traficantes de drogas. Em uma série de batalhas na cidade de Guangzhou, em Hong Kong, e nas cidades de Hangzhou e Ningbo, em Zhenjiang, mais de 3 mil pessoas foram mortas. Um estudioso chamou os ataques da Grã-Bretanha de "narcoimperialismo".[3] O conflito culminou no Tratado de Nanquim de 1842, no qual a China concordava em abrir cinco portos adicionais ao comércio e ceder o território de Hong Kong aos britânicos. Em quatro décadas, as importações de ópio para a China ultrapassaram 6 mil toneladas por ano.[4]

Uma representação da Batalha de Chinkiang (agora Zhenjiang) em julho de 1842.

Inspirados pelo sucesso da política britânica de "comércio ou morte", os Estados Unidos enviaram quatro navios de guerra ao Japão em 1853, exigindo o fim das restrições comerciais. A invasão contribuiu para o fim do xogunato, um período de sete séculos em que o Japão fora lide-

Diante da recusa do governo chinês em permitir que comerciantes britânicos importassem ópio, navios britânicos de guerra atacaram em nome dos traficantes de drogas.

rado por ditadores militares. Os últimos xoguns, o xogunato Tokugawa, restringiram o comércio, limitaram os laços diplomáticos e proibiram praticamente todas as viagens de entrada ou de saída do Japão. A Restauração Meiji de 1867, que consolidou o poder nas mãos do imperador do Japão, iniciou a abertura do Japão para o mundo. O governo Meiji também enfatizou bastante a educação, o que, por sua vez, possibilitou que o país adotasse tecnologias mais rapidamente.

Guiados pelo lema "país rico, exército forte", os modernizadores japoneses aboliram o sistema de castas e permitiram que as pessoas escolhessem qualquer profissão.[5] Os guerreiros samurais, que até então somavam quase 2 milhões, foram substituídos por um exército nacional e pelo serviço militar obrigatório para todos os homens. O governo japonês priorizou investimentos em sistemas ferroviários e telegráficos, adaptando tecnologias ocidentais para compensar o fato de que a mão de obra era mais barata no Japão do que na Europa e na América do Norte. Um tratado com as potências ocidentais limitou as tarifas japonesas a 5%, impedindo o país de barrar a concorrência estrangeira. Em vez disso, o desenvolvimento econômico liderado pelo Estado se tornou vital aos aumentos vertiginosos de produtividade do país.

O polímata norte-americano Benjamin Franklin escreveu certa vez que "nenhuma nação jamais foi arruinada pelo comércio". No entanto, ao mesmo tempo em que incentivavam outros países a se abrirem ao comércio, a Europa e a América do Norte impunham tarifas sobre importações. Isso se devia, em parte, à necessidade de receita. Antes da disseminação do imposto sobre rendimentos, as tarifas eram uma importante fonte de receita para muitas nações. Guerras, como as Guerras Napoleônicas e a Guerra Civil Americana, eram muitas vezes financiadas por um aumento nas tarifas.

Apesar de as tarifas serem fáceis de administrar e serem boas para o orçamento do governo, eram prejudiciais à economia como um todo. Elas foram comparadas a um país que cria obstáculos para o próprio desenvolvimento econômico, como impedir acesso aos portos. Remover os obstáculos (abolir as tarifas) beneficia um país, independentemente do que seus parceiros comerciais façam. Na prática, porém, os países muitas vezes atribuem mais importância às exportações do que às importações. Adotando essa abordagem "mercantilista", as nações concordam em reduzir as tarifas apenas se seus parceiros comerciais fizerem o mesmo. Um dos primeiros acordos desse tipo ocorreu em 1860, quando a Grã-Bretanha concordou em remover quase todas as tarifas em troca da França reduzir as suas.

O acordo incluía uma cláusula de "nação mais favorecida", o que significa que o parceiro comercial também obtém o melhor negócio oferecido a qualquer outra nação. Na década seguinte, acordos comerciais foram firmados em toda a Europa, e suas cláusulas de nação mais favorecida ajudaram a difundir o livre-comércio por todo o continente.[6] O comércio teve o efeito de "desagregar" a produção e o consumo.[7] Com o comércio, as mercadorias não precisam mais ser produzidas e vendidas no mesmo país.

Nesse período, o comércio deveria ter ajudado as nações mais pobres a se desenvolverem. Afinal, os impérios normalmente operavam como áreas de livre-comércio. A abertura do Canal de Suez em 1869 quase reduziu pela metade a distância marítima de Londres ao Mar da Arábia. No entanto, as potências imperiais restringiram com pulso firme a gama de produtos exportados de suas colônias, controlando o comércio em benefício próprio e em detrimento das periferias. Durante essa época, as economias da Europa Ocidental começaram a se distanciar do restante do mundo. De 1820 a 1900, o padrão de vida na Europa mais do que dobrou, enquanto o padrão de vida na Ásia e na África não aumentou.[8]

A ideia de corporação foi fundamental para o avanço da Revolução Industrial. Assim como as Companhias Holandesas e Britânicas das Índias Orientais possibilitaram que os investidores compartilhassem riscos em inúmeras expedições marítimas, as corporações industriais também possibilitarem que os financiadores compartilhassem o risco de novos empreendimentos nessa era.

As companhias existiam desde o período romano, mas se mostraram vitais no caso de empreendimentos arriscados, como a exploração de reservas minerais, a construção de ferrovias em novas regiões ou a venda de um produto exótico. As corporações também incentivaram a especialização, fornecendo um instrumento por meio do qual um investidor rico poderia apoiar a ideia de negócio de um empreendedor sem dinheiro. Em 1855, o Reino Unido aprovou a *Limited Liability Act* [Lei de Responsabilidade Limitada], que previa que, se uma empresa falisse, os mutuantes não poderiam recuperar suas dívidas, responsabilizando pessoalmente os acionistas.

As corporações resolveram o problema de como atrair investidores para empreendimentos arriscados: limitando as perdas, de modo que os proprietários não perdessem mais do que investiram. Contudo, elas também se tornaram grandes empregadoras, cujo poder de barganha superava em muito o de seus trabalhadores individuais. A solução para o problema foi a criação dos sindicatos: trabalhadores se organizavam para reivindicar melhores salários e condições de trabalho.

No entanto, durante as primeiras décadas da Revolução Industrial, os sindicatos eram ilegais. Em 1834, seis operários agrícolas ingleses, que ficaram conhecidos como os mártires de Tolpuddle, foram deportados para a Austrália como punição por formar um sindicato. Após manifestações públicas e uma petição assinada por 800 mil apoiadores, suas sentenças foram revogadas, um sinal do forte apoio da comunidade aos direitos dos trabalhadores.

As conquistas da Revolução Industrial levaram um tempo surpreendentemente longo para chegar aos trabalhadores britânicos. Na década de 1830, meio século após o início da Revolução Industrial, os salários reais quase não haviam aumentado. Outros indicadores revelavam um padrão semelhante. No início do século XIX, a expectativa de vida britânica era entre 35 e 40 anos, um pouco maior do que havia sido em 1500.[9] Além disso, a expectativa de vida dos citadinos era uma década a menos do que a expectativa de vida dos camponeses, já que a falta de saneamento e as condições precárias contribuíam para a propagação de doenças.

A medicina da época pouco ajudava: sangrias com sanguessugas, consumo de mercúrio e doses de uísque eram tratamentos comuns. Mas, na década de 1840, os salários britânicos começaram a subir, com outros indicadores de desenvolvimento. De 1820 a 1870, a parcela da população alfabetizada mais que dobrou, atingindo três quartos dos habitantes.[10]

Paralelamente à Revolução Industrial, veio a guerra em escala industrial. De 1861 a 1865, a Guerra Civil Americana devastou o país. Com o uso de armas produzidas em massa, ferrovias, navios a vapor e telégrafos, a Guerra Civil foi industrial em escala e em carnificina. Mais de 600 mil combatentes — 1 em cada 5 soldados — perderam a vida. No final da guerra, mais de 3 milhões de escravizados foram libertados.

Para os economistas, uma das características flagrantes da Guerra Civil foi a disparidade de recursos entre os dois lados. Uma população e uma economia maiores não garantem a vitória (sobretudo se um lado estiver disposto a dedicar uma parcela maior de seus recursos ao conflito). Mas o dinheiro importa. Como diz o ditado, Deus geralmente está do lado dos maiores batalhões.

No início da guerra, o Norte tinha uma população de 21 milhões, mais do que o dobro da população do Sul, de 9 milhões. O Sul era uma economia fundamentalmente agrícola, e o Norte produzia 90% dos bens manufaturados dos Estados Unidos. Com vantagem absoluta, o Norte produzia 97% das armas de fogo do país.

Da perspectiva econômica, o notável da guerra é que o Sul resistiu por muito tempo. As táticas militares ineficazes do Norte ajudaram a prolongar a guerra, mas, em última análise, a disparidade econômica entre as duas regiões determinou o resultado. Ao longo da Guerra Civil, o Sul financiou 60% de seus custos por meio da inflação (em comparação com 13% no Norte).[11] No final da guerra, o Sul estava imprimindo tanto dinheiro que os bens custavam 92 vezes a mais do que no início do conflito.

Era uma época em que as nações haviam sido estabelecidas, porém as viagens fronteiriças praticamente não tinham restrições. Poucas pessoas tinham passaportes, e ir para outro país era simplesmente uma questão de embarcar em um trem ou um navio. Em 1851, as grandes descobertas de jazidas de ouro na cidade australiana de Ballarat causaram um influxo de imigrantes e de migrantes. Nas duas décadas seguintes, a população de colonos da Austrália quadruplicou, foi de 440 mil para 1,7 milhão.

Um século antes, os colonizadores britânicos consideravam a Austrália pouco mais do que uma prisão a céu aberto. No final do século XIX, a deportação de condenados e prisioneiros havia cessado e os imigrantes chegavam da Europa, da Ásia e das Américas. Muitos tentaram a sorte nos garimpos de ouro, mas um número substancial de pessoas trabalhou em outros setores, em que os salários eram geralmente maiores do que nos países que eles estavam deixando.

VELHOS MESTRES E JOVENS GÊNIOS

Analisando carreiras criativas, o economista David Galenson descobriu um padrão intrigante.[12] Aqueles que desempenham o melhor trabalho na juventude tendem a ser conceitualistas, motivados por uma única ideia inovadora. Em contrapartida, aqueles que produzem obras-primas no final da vida geralmente são experimentalistas, cujo trabalho é o produto gradual de tentativa e erro.

Entre os artistas, Raphael, Johannes Vermeer, Vincent van Gogh e Pablo Picasso eram conceitualistas, pois fizeram as obras mais importantes no início de suas vidas. Picasso pintou sua obra-prima cubista inovadora, *Les Demoiselles d'Avignon*, aos 25 anos. Rembrandt, Michelangelo, Ticiano e Cézanne eram experimentalistas, pois fizeram as obras mais importantes no final de suas vidas. Cézanne disse que sentia que estava sempre caminhando vagarosamente rumo à perfeição.

Os poetas e.e. cummings e Sylvia Plath encontraram inspiração nas profundezas da alma e redigiram poemas conceitualmente, produzindo as melhores obras aos 20 e 30 anos. Nesse ínterim, Marianne Moore e Wallace Stevens recorreram a experiências reais observadas em suas vidas cotidianas, produzindo suas principais obras na casa dos 40 anos ou mais.

Dentre os romancistas conceitualistas, temos James Joyce e Herman Melville, cujo melhor trabalho foi criado em tenra idade. Velhos mestres incluem Charles Dickens e Virginia Woolf, cujo experimentalismo procurou retratar o mundo ao seu redor. O diretor de cinema Orson Welles era um jovem gênio conceitualista, produzindo *Cidadão Kane* aos 26 anos, enquanto Clint Eastwood é um velho mestre experimentalista, que só se tornou um diretor proeminente aos 60 anos.

A poeta norte-americana Marianne Moore ganhou o Prêmio Pulitzer e o National Book Award por seus *Collected Poems* em 1951, aos 63 anos.

Conceitualistas descobrem. Experimentalistas exploram.

Parte da razão pela qual os trabalhadores australianos ganhavam mais do que seus homólogos britânicos e norte-americanos era a escassez de mão de obra. Isso facultou mais poder aos trabalhadores australianos do que aos do hemisfério norte. Após uma greve em 1855, os canteiros [stonemasons] de Sydney estavam entre os primeiros trabalhadores do mundo a conquistar o direito a uma jornada de trabalho de 8 horas.

Com muita terra e poucas pessoas, os salários australianos na década de 1880 eram os mais altos do mundo, e o movimento trabalhista australiano passou a desempenhar papel influente na política. Nas próximas décadas, a Austrália estaria entre os primeiros países do mundo a permitir que as mulheres votassem e se candidatassem a cargos públicos, estabelecendo um salário-mínimo nacional e realizando eleições aos sábados (a fim de maximizar a participação dos eleitores).

Em outros lugares, ocorreram avanços significativos no estado de bem-estar social. Na década de 1880, com os social-democratas ganhando terreno eleitoral, o chanceler conservador alemão Otto von Bismarck introduziu no parlamento um pacote de reformas que fornecia seguro saúde, seguro contra acidentes e uma pensão por velhice e invalidez. As reformas eram consideradas as mais avançadas do mundo na sua época, embora fossem modestas para os padrões atuais. Os "sickness funds [fundos de saúde]" que sustentavam os programas de seguro saúde de Bismarck eram financiados em dois terços pelos trabalhadores. As pensões eram pagas para aqueles que ultrapassavam os 70 anos, em uma época em que os alemães típicos com 30 anos esperavam viver somente até pouco mais de 60 anos.[13]

Enquanto isso, algumas das principais inovações na área de assistência médica se originaram na França. Na década de 1860, a França havia construído um dos maiores sistemas de esgoto do mundo — espelhando o layout das ruas. O escritor Victor Hugo o descreveu como "um belo esgoto; o estilo puro reina lá". Em meados do século XIX, as nações começaram a exibir suas inovações em feiras mundiais e, na Exposição Internacional da França de 1867, os visitantes puderam fazer tours pela rede de esgoto. As casas parisienses foram mais do que depressa conectadas ao novo sistema de esgoto, ajudando a reduzir a prevalência de doenças contagiosas (poderíamos chamar isso de "o ganho do esgoto").

O cientista francês Louis Pasteur, que havia perdido três filhos para a febre tifoide, desenvolveu a teoria dos germes, sendo determinante nas políticas para fornecer água potável mais limpa e isolar pacientes com doenças contagiosas em hospitais. No início da Revolução Industrial, as doenças contagiosas eram uma das principais razões pelas quais os moradores das cidades tinham taxas de mortalidade mais altas do que seus homólogos do campo. Governos visionários tornaram as cidades mais seguras, o que, por sua vez, estimulou a urbanização.

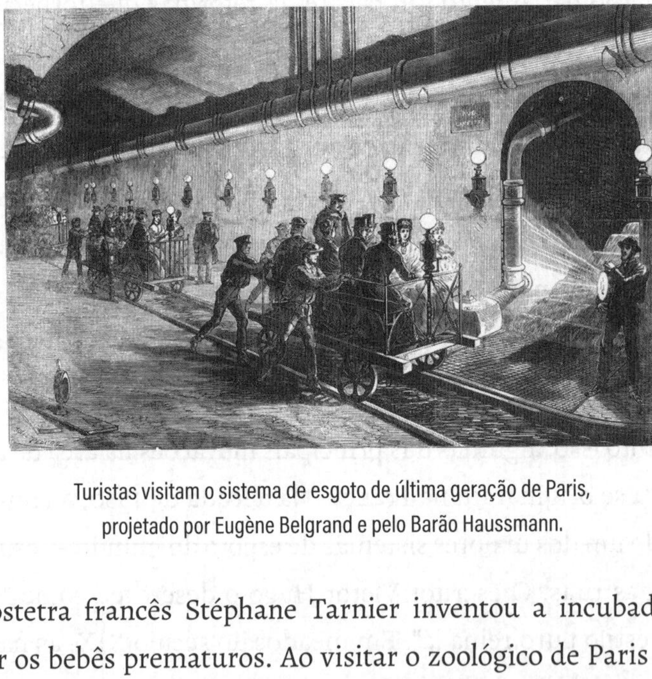

Turistas visitam o sistema de esgoto de última geração de Paris, projetado por Eugène Belgrand e pelo Barão Haussmann.

O obstetra francês Stéphane Tarnier inventou a incubadora para amparar os bebês prematuros. Ao visitar o zoológico de Paris em 1880, Tarnier viu uma exposição de incubadoras para pássaros exóticos e percebeu que o mesmo princípio poderia ser aplicado a recém-nascidos. Em 3 anos, sua invenção aumentou a taxa de sobrevivência de bebês abaixo do peso em seu hospital de 35% para 62%.[14]

Nas décadas seguintes, o aprimoramento da assistência médica infantil provou ser um dos principais impulsionadores do aumento da expectativa de vida. As melhorias em relação à mortalidade infantil pouparam muitas famílias do suplício de enterrar um filho. E sabendo que os filhos tinham mais probabilidade de sobreviver, as mulheres tiveram menos bebês. Retratando o foco francês nas reformas de assistência médica da época, em 1893, o governo francês criou um programa limitado de assistência médica gratuita para os necessitados, que se provou extremamente popular, sendo expandido na década seguinte para muito além das expectativas de seus idealizadores.

Apesar de o crescimento econômico ter alicerçado essas reformas sociais, também possibilitou a concentração do poder econômico. Nos Estados Unidos, a Standard Oil Company, de John D. Rockefeller, eliminou praticamente todos os seus concorrentes, comprando-os ou expulsando-os do mercado. Em 1880, controlava 90% do negócio de refino de petróleo. Rockefeller e seus associados então criaram o Standard Oil Trust — uma série de estruturas legais complexas, arquitetadas para proteger as operações da empresa do escrutínio público. Respaldada por essa proteção, a organização usou seu poder de monopólio para aumentar os preços e os lucros. Em uma tentativa de resolver esses problemas, o Congresso aprovou a *Sherman Antitrust Act* [Lei Sherman Antitruste] em 1890. No entanto, foi somente na década seguinte que a aplicação da lei antitruste começou a valer — em parte, graças ao trabalho de jornalistas investigativos, como Ida Tarbell, que descobriu as estruturas da Standard Oil Company.

Nem toda tentativa de lançar luz sobre os monopólios funcionou conforme o esperado. No final do século XIX, a escritora feminista Lizzie Magie ficou indignada com o poder dos "barões ladrões", como Cornelius Vanderbilt, John D. Rockefeller e Andrew Carnegie. Ao ler as ideias do economista Henry George, Magie compreendeu como os monopólios podiam viabilizar a coexistência da riqueza astronômica e da extrema pobreza. Posteriormente, ela criou um jogo de tabuleiro chamado "The Landlord's Game [O Jogo do Senhorio]", concebido como uma crítica interativa ao poder dos monopólios.

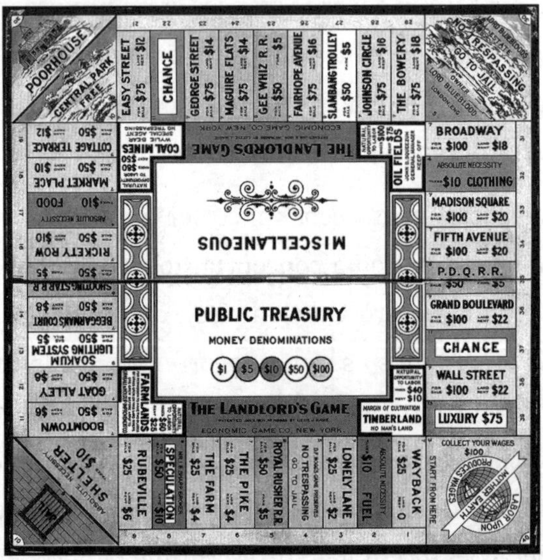

Wall Street era uma das ruas mais valiosas do tabuleiro do jogo Monopoly original, criado como uma advertência drástica.

A intenção de Magie era mostrar aos jogadores como a apropriação de terras enriquecia os proprietários e empobrecia os inquilinos. No entanto, três décadas depois, quando a Parker Brothers produziu uma versão modificada de seu jogo, destituída das conotações radicais e comercializada ao público como "Monopoly", o maior monopolista se tornou o vencedor. Magie recebeu apenas US$500, e não recebeu o crédito por seu jogo nem alcançou o impacto duradouro de justiça social que pretendia.

À medida que o século XIX chegava ao fim, algumas das cidades que mais cresciam no mundo estavam nos Estados Unidos. Um dos motivos era que os planejadores urbanos norte-americanos eram mais

A intenção de Magie era mostrar aos jogadores como a apropriação de terras enriquecia os proprietários e empobrecia os inquilinos.

propensos a projetar ruas em um padrão de grelha, ao passo que muitas cidades europeias mais antigas seguiam a topografia local ou eram dispostas em um padrão radial. O layout radial facilitava a defesa das cidades, mas as grelhas eram mais eficientes em termos econômicos — maximizando o uso das fachadas das ruas e facilitando a conexão das residências às linhas de esgoto e de transporte. Chicago é a cidade com layout de grelha mais extenso do mundo. Roma é uma das cidades com menos layout de grelhas.[15]

As cidades com layout em grelha tendiam a ter os maiores arranha-céus do mundo. Na década de 1890, edifícios de, pelo menos, dez andares podiam ser encontrados em Chicago, Nova York e St Louis. Duas tecnologias foram essenciais para os arranha-céus: o processo de Bessemer possibilitou a produção em massa de vigas de aço que podiam suportar o peso da estrutura elevada, e o elevador de passageiros permitiu que as pessoas chegassem aos andares mais altos.

Embora as tecnologias estivessem disponíveis globalmente, a regulamentação também influenciou os locais em que eram construídas. Leis mais rígidas de segurança contra incêndio e zoneamento restringiram o desenvolvimento de arranha-céus em muitas cidades europeias durante o início do século XX, enquanto as cidades norte-americanas facultaram mais liberdade aos incorporadores. Ainda hoje, as diferenças podem ser vistas nos horizontes das cidades ao redor do mundo.

6

MODELOS ECONÔMICOS E AS FÁBRICAS MODERNAS

Na virada do século XX, o inglês Alfred Marshall era o economista mais influente do mundo. Sua obra clássica de 1890, *Princípios de Economia*, baseava-se em seus talentos matemáticos (ele havia alcançado o conceituado posto de "Segundo Wrangler" em seus exames de matemática na Universidade de Cambridge) e focava como a economia poderia melhorar o bem-estar social. Oferta e demanda, escreveu Marshall, eram como as lâminas de uma tesoura. Em um gráfico com preço em um eixo e quantidade no outro, a linha que representa a oferta geralmente aumenta porque mais pessoas estão dispostas a fornecer um bem ou um serviço quando o preço é maior. A linha que representa a demanda tende a declinar por causa do conceito familiar de utilidade marginal decrescente: quanto mais os consumidores têm determinados produtos, menos estão dispostos a pagar por cada unidade adicional. Para os fornecedores, preço e quantidade aumentam simultaneamente. Para os consumidores, a relação entre preço e quantidade é negativa.

Se quisesse comprar um diamante em 1900, Marshall teria percebido que o mercado refletia a disposição dos compradores em adquirir diamantes e a dos vendedores em abrir mão deles.

Em ambos os casos, os prós e os contras estão em jogo: preços elevados fazem com que novos fornecedores parem de fabricar certos produtos e foquem outros, enquanto os consumidores, diante de preços elevados, passam a buscar alternativas mais acessíveis.

A intersecção das duas linhas revela o equilíbrio de mercado — o ponto em que a oferta atende à demanda. Se quisesse comprar um diamante em 1900, Marshall teria percebido que o mercado refletia a disposição dos compradores em adquirir diamantes e a dos vendedores em abrir mão deles. O preço de equilíbrio é o preço pelo qual a quantidade que os vendedores estão dispostos a vender corresponde exatamente à quantidade que os compradores estão dispostos a comprar. Economistas predecessores haviam representado graficamente a oferta e a demanda, e o gráfico ficou conhecido como "cruz marshalliana", por ser a descrição mais completa e persuasiva do modelo.[1]

Considerando os fornecedores de bens ou serviços, Marshall fez uma distinção entre os custos fixos de uma empresa — como o terreno e os edifícios que ela tem — e seus custos variáveis — como a mão de obra e as matérias-primas que utiliza. A longo prazo, uma empresa fechará as portas se não conseguir arcar com os custos de manutenção e substituição de seus ativos. Mas, a curto prazo, o que mais afeta o preço que uma empresa cobra por seus produtos são seus custos variáveis. O preço do algodão será rapidamente afetado por mudanças no custo da água, enquanto o impacto do aumento dos custos de maquinário será sentido mais lentamente.

Marshall era um matemático habilidoso, contudo a popularidade de seu livro se deveu à sua capacidade de transmitir ideias por meio de diagramas e exemplos — métodos que os economistas usam para ensinar os estudantes desde então. Vejamos como Marshall certa vez resumiu seu sistema: "(1) Use a matemática como uma linguagem estenográfica (abreviada), em vez de como um instrumento de investigação. (2) Empregue-a até que se obtenham resultados. (3) Traduza para a linguagem que está usando. (4) Em seguida, ilustre com exemplos que são importantes na vida cotidiana. (5) Descarte a matemática. (6) Se não tiver êxito com o item 4, ignore o item 3. Este último tenho feito com frequência". Em outras palavras, os economistas devem empregar a matemática como uma ferramenta útil para ilustrar o mundo — e não se deixar levar pela matemática abstrata e complexa que não consegue explicar como a economia funciona. Mais economistas devem seguir o conselho de Marshall. Ele expressou ideias importantes com clareza notável.

Em alguns casos, é surpreendente que tenham surgido tão tardiamente na história. Mercados e matemática existiam há milhares de anos. A palavra "economia" se origina do termo *oikonomia*, em grego antigo, que se traduz aproximadamente como "administração doméstica". Os matemáticos da Grécia Antiga entendiam o teorema de Pitágoras, podiam aproximar o pi e sabiam como estimar a área sob uma parábola. No entanto, um explicação fundamentada sobre oferta e demanda só surgiu por volta da virada do século XX.

O início do século XX também testemunhou a fundação de uma instituição econômica crucial: o Federal Reserve dos Estados Unidos. O Fed não foi o primeiro banco central, mas a história inusitada de sua criação merece ser recontada. Em 1907, quando um colapso bancário ameaçava o sistema, o proeminente financista J.P. Morgan convocou colegas para irem até sua mansão na Madison Avenue e trancou a porta. "Este é o lugar para acabar com o problema", disse ele aos colegas. Morgan prometeu milhões de dólares aos bancos em risco e convenceu os colegas banqueiros a fazer o mesmo. O pânico arrefeceu.

Após três anos, representantes dos principais bancos comerciais dos EUA novamente tomaram a iniciativa, convocando uma reunião secreta de dez dias na Ilha Jekyll, na Geórgia. Os banqueiros fingiram estar em uma viagem de caça a patos e embarcaram em um trem, um de cada vez, para não serem vistos juntos. Supostamente, um banqueiro até levou consigo uma espingarda para conferir à viagem um ar de autenticidade. O plano deles propunha a arquitetura do que se tornaria o Federal Reserve dos EUA que, posteriormente, seria constituído por doze bancos regionais com o poder de emitir moeda. Após algumas negociações tensas no Congresso, o Federal Reserve foi criado em 1913. Os Estados Unidos não dependeriam somente de plutocratas financeiros para evitar a próxima crise bancária.

Os bancos centrais existiam desde o século XVII (o Banco de Amsterdã, o banco central de Estocolmo e o Banco da Inglaterra foram todos fundados em 1600), mas, no século XX, os bancos centrais assumiram cada vez mais o papel de fornecer estabilidade ao sistema econômico. Os bancos comerciais comuns usam dinheiro de depósitos de curto prazo, a fim de oferecer empréstimos de longo prazo. Como emprestam dinheiro a curto prazo e a longo prazo, mesmo o banco mais bem administrado está vulnerável a ficar sem dinheiro, caso todos os depositantes exijam seu dinheiro de volta ao mesmo tempo. Ao garantir os depósitos das pessoas, um banco central pode evitar corridas bancárias e tornar o sistema financeiro mais estável.

Normalmente, isso não envolve qualquer movimentação financeira: uma vez que as pessoas sabem que seus depósitos estão garantidos, o pânico é evitado. Podemos considerar a estabilidade financeira como um bem público: um benefício distribuído entre todos que não se esgota devido ao número de pessoas que desfrutam de um sistema mais estável. Na era moderna, os bancos centrais também assumem papel importante nas metas para inflação, assunto que retomaremos em breve.

A linha de montagem da Ford Motors, Dearborn, Michigan.

Um dos produtos mais cobiçados da época era o automóvel, e sua evolução se deve muito à especialização. A princípio, os carros eram tão absurdamente caros quanto desejáveis, mas, em 1908, Peter Martin, um executivo da Ford, propôs a ideia da linha de montagem. Isso ocorreu porque Martin resolveu visitar um matadouro-frigorífico em Chicago: as carcaças se moviam entre os trabalhadores, e cada um deles cortava um pedaço específico de carne.

Em uma fábrica em Detroit, experimentos com linhas de montagem demonstraram que elas possibilitavam aos trabalhadores produzir carros com mais rapidez. Quando esse sistema foi implementado, os veículos saíam da linha de montagem tão rápido que Ford decidiu que não poderia mais permitir que os clientes escolhessem a cor de seus carros. Descobriu-se que a tinta preta secava mais rápido. Como consequência, Henry Ford decidiu que um cliente "pode ter um carro da cor que quiser, desde que seja preto".[2] No dias atuais, a linha de montagem é parte padrão de muitas instalações de fabricação, mas, na época, era arrojado demais inverter o processo: o carro se movia em direção às peças, e não o contrário.

A inovação também remodelou o varejo. Em 1909, Harry Selfridge inaugurou um novo tipo de loja de departamentos na Oxford Street, em Londres. As Selfridges tinham como objetivo tornar as compras divertidas. Ele estruturou as lojas para que os clientes pudessem manusear itens à venda, incentivou os funcionários a fazer com que as mulheres se sentissem bem-vindas e os treinou para se especializarem em diferentes linhas de produtos. Selfridge posicionava habilmente o balcão de perfumes no térreo, chamava seus clientes de "convidados" e veiculava anúncios com a frase "o cliente sempre tem razão".

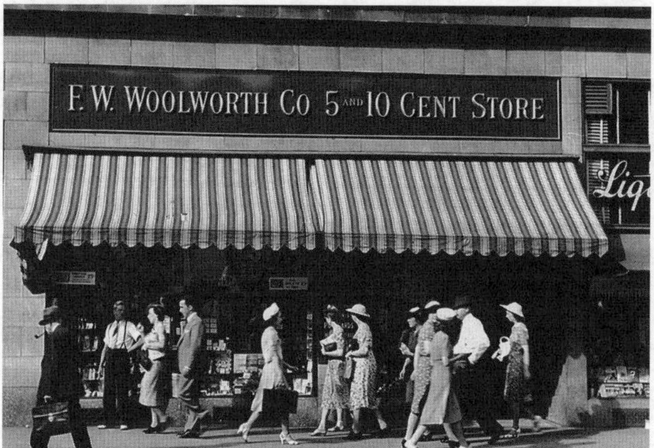

Uma antiga loja Woolworth, em Nova York.

Outros varejistas focaram o preço. Nos Estados Unidos, Frank Woolworth inaugurou uma série de lojas que vendiam produtos por cinco e dez centavos. Dizia-se que essas "lojas de cinco e dez centavos" operavam com o princípio de "manter um estoque volumoso de mercadorias para vendê-las muito barato".[3] Em 1912, a Woolworth se tornou uma empresa de capital aberto, com 596 lojas em todos os Estados Unidos. Com uma rede tão extensa de lojas, foi possível usar poder de compra para negociar preços mais baixos com os fornecedores. Walmart, ÆON, Aldi, Tesco e Carrefour são herdeiros modernos dessa estratégia de varejo, que oferece preços mais baixos aos consumidores e maiores ganhos financeiros aos acionistas, ao mesmo tempo em que pressiona fornecedores e varejistas independentes.

A inovação tecnológica também moldou o uso de substâncias. Na década de 1880, a máquina de enrolar cigarros de James Bonsack revolucionou a indústria e, na década de 1910, o consumo de cigarros estava aumentando em um ritmo acelerado (nos Estados Unidos, atingiria o pico na década de 1960, já que metade dos homens fumava regularmente). A heroína foi comercializada pela Bayer de 1898 a 1910 como um remédio para tosse, que não precisava de receita médica. A cocaína era adicionada à Coca-Cola até o início da década de 1900. Em 1913, um especialista afirmou que quase um quarto dos médicos norte-americanos era viciado em morfina.[4]

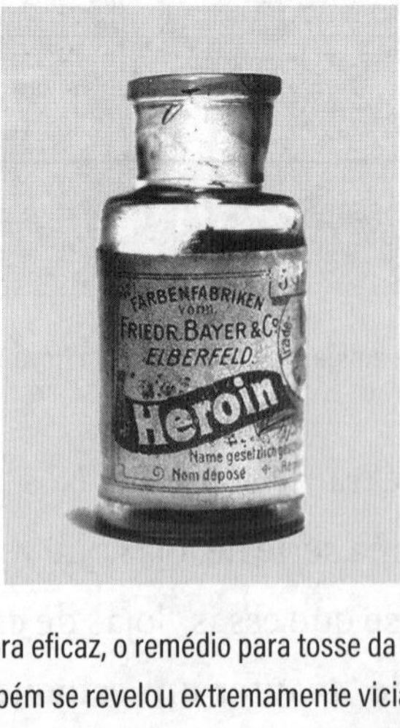

Embora eficaz, o remédio para tosse da Bayer também se revelou extremamente viciante.

Imigrantes não são apenas bocas para alimentar; eles também são a força que constrói e as mentes que inspiram. É errado enxergar os imigrantes apenas como uma fonte nova de demanda — eles também são uma fonte nova de oferta.

Era uma época de emigração em massa. Passaportes eram raramente exigidos. Assim como os migrantes e imigrantes haviam se aglomerado nas regiões ricas em ouro da Austrália, milhões aproveitaram as melhorias da tecnologia marítima a fim de imigrar da Rússia para o Canadá, da Alemanha para a Nova Zelândia ou da Holanda para a Indonésia. Os navios novos tinham cascos de aço e eram movidos a motores a carvão. Na década de 1850, os imigrantes levavam 53 dias para navegar de Liverpool a Nova York. Na década de 1910, a jornada havia sido reduzida para apenas 8 dias.[5] Ao analisarem a emigração, os economistas enxergam principalmente pessoas que estão se mudando para lugares em que se sentem mais seguras, felizes e produtivas. Imigrantes não são apenas bocas para alimentar; eles também são a força que constrói e as mentes que inspiram. É errado enxergar os imigrantes apenas como uma fonte nova de demanda — eles também são uma fonte nova de oferta.

A Primeira Guerra Mundial desintegrou esse mundo interconectado. A guerra se materializou, apesar dos fortes laços comerciais entre os combatentes (em 1914, a Lloyd's de Londres segurava a maior parte do comércio marítimo alemão).[6] Quando as nações da Europa entraram em guerra sem refletir a gravidade da situação, grande parte do comércio e da emigração mundial cessou. E, embora suas origens fossem inesperadas, o resultado não era. No início das hostilidades, as Potências Aliadas (Grã-Bretanha, França, Rússia e seus aliados) tinham mais recursos do que as Potências Centrais (o Império Alemão, o Império Austro-Húngaro e seus aliados). A população das Potências Aliadas era cinco vez maior, o território onze vezes maior e tinham a renda três vezes maior.[7]

O fato de o conflito ter durado 4 anos e ter ceifado cerca de 20 milhões de vidas retrata a inépcia dos generais e a intransigência dos líderes políticos. No entanto, quando o conflito terminou, o lado com a maior base econômica havia vencido.

Na Rússia, o caos estava apenas começando a se instaurar. A Revolução Comunista de 1917 prometia "paz, terra e pão". Contudo, entregou uma guerra civil de 6 anos e resultados econômicos catastróficos. A renda média caiu rapidamente pela metade.[8] Em algumas cidades russas, o consumo alimentar calórico médio também caiu pela metade. O conflito, a fome desenfreada que se seguiu e a disseminação de doenças contagiosas resultaram em 13 milhões de mortes prematuras. O regime de Lenin aboliu a propriedade privada da terra e proibiu a venda ou o arrendamento de terras. Essa proibição permaneceria em vigor até 1990.

TRAGÉDIA DOS COMUNS

Imagine que um grupo de fazendeiros tenha acesso a um pasto comum, em que podem deixar suas vacas pastarem. Seria do interesse coletivo evitar o pastoreio excessivo. No entanto, é do interesse individual de cada fazendeiro colocar mais um animal no pasto compartilhado. Se os fazendeiros não conseguirem tomar decisões coordenadas, o resultado provável é o desgaste do pasto.

A tragédia dos comuns vem à tona porque cada nova vaca impõe uma pequena externalidade negativa ao ecossistema. Se o proprietário da vaca não pagar nada por essa externalidade, o resultado pode ser uma catástrofe. Na pesca de bacalhau em Terra Nova, na costa do Canadá, por exemplo, o uso de novas tecnologias de pesca, como o sonar, levou ao declínio repentino da população de peixes. Ou seja, a população de bacalhau caiu para 1% de seu nível histórico entre 1985 e 1995.[9]

Em outros casos, as comunidades têm encontrado soluções engenhosas. Em 2009, Elinor Ostrom se tornou a primeira mulher a ganhar o Prêmio Nobel de Economia por seu trabalho sobre como as comunidades locais gerenciavam recursos comuns. No Nepal, os produtores de arroz trabalharam juntos para gerenciar a água. No Quênia, as comunidades cooperaram para gerenciar os recursos florestais. Na Indonésia, os pescadores locais gerenciaram cuidadosamente as populações de peixes.

Elinor Ostrom analisou como alguns grupos tradicionais desenvolveram regras para compartilhar recursos comuns.

A lição da pesquisa de Ostrom não é que o gerenciamento de uso sempre funcionará, mas que é possível. Nos casos de sucesso, ela observou, os moradores locais estavam ativamente envolvidos na criação das regras, em vez de estas serem impostas por pessoas de fora. O gerenciamento de uso funcionava quando a fiscalização era feita pelos moradores locais, com mecanismos diretos, a fim de resolver conflitos e sanções modestas para violações iniciais. A tragédia dos comuns não é inevitável.

7

A PRIMEIRA GUERRA MUNDIAL E A GRANDE DEPRESSÃO

Os prejuízos econômicos da Primeira Guerra Mundial reverberaram muito além de 1918. No acordo de paz, a Alemanha foi obrigada a pagar indenizações de 132 bilhões de marcos de ouro (o montante foi representado como reservas de ouro). Isso equivalia a cerca da metade da riqueza pré-guerra do país.[1] Era uma quantia colossal, muito além do que a economia alemã podia suportar, e o governo do país teve grandes dificuldades para fazer até mesmo os pagamentos iniciais.[2]

A fim de quitar suas dívidas, o governo alemão começou a imprimir dinheiro. Muito dinheiro. A inflação resultante deteriorou gradativamente o valor do marco alemão. Algumas vezes, os cidadãos precisavam de carrinhos de mão para carregar os respectivos salários. O governo produziu novas notas — primeiro representando milhares de marcos, depois milhões, bilhões e, então, trilhões. Em 1918, um item que custava 1 marco alemão passou a custar 1 trilhão de marcos em 1923.

A hiperinflação causa estragos na economia. Os consumidores compram tudo a prazo, pagando em parcelas porque o dinheiro não gasto está perdendo valor. Os restaurantes precisam reescrever os cardápios continuamente. Os táxis têm que atualizar os taxímetros o tempo todo. Em novembro de 1923 na Alemanha, independentemente do dia, o pão custava sete vezes mais no final do dia do que no início.[3] Posteriormente, os formuladores de políticas alemães restauraram o vínculo entre o valor da moeda e o ouro, controlando a hiperinflação e possibilitando que a Alemanha desfrutasse de um período de relativa prosperidade no final da década de 1920. No entanto, as lembranças da hiperinflação tornaram os formuladores de políticas excessivamente cautelosos diante da depressão eminente. Em meio a essa turbulência econômica, Hitler se tornou chanceler em 1933.

Crianças brincando com notas quase inúteis na República Weimer, assolada pela inflação.

Os "roaring twenties [loucos anos vinte]" testemunharam a evolução do jazz, da dança e do Art Déco. Em grande parte do mundo desenvolvido, os gastos do consumidor e o crescimento econômico explodiram. Em um jantar em 15 de outubro de 1929, o proeminente economista de Yale,

A América Latina foi especialmente atingida pela Grande Depressão, que contribuiu para a ascensão do nacionalismo autoritário. Em 1930, juntas militares tomaram o poder na Argentina e no Brasil.

Irving Fisher, disse a seus ouvintes que "os preços das ações atingiram o que parece ser um platô permanentemente alto". Mas Fisher estava enganado. Após pouco mais de uma semana, o mercado sofreu sua maior liquidação em um único dia: a primeira de uma série de grandes perdas que culminaria na Grande Depressão. Em 1932, o mercado de ações dos EUA estava 89% abaixo do auge de 1929.

A especulação contribuiu parcialmente para o colapso. À medida que os preços das ações subiam, mais pessoas entravam no mercado, na esperança de enriquecer rapidamente. O empresário Joseph Kennedy, pai do futuro presidente dos EUA, John F. Kennedy, aparentemente disse a amigos que sabia que algo estava errado, quando a conversa sobre ações se generalizava para além de seus círculos habituais: "Se os engraxates estão dando dicas sobre ações, então é hora de sair do mercado". Mas poucos previram o colapso eminente. Muitos faziam empréstimos para investir, e a queda de preço resultante os deixou sem um tostão. Em todo o mundo, os mercados financeiros acompanhavam o mercado de ações dos EUA em baixa.

Embora quatro quintos da população não tivessem ações (afinal, talvez não fosse tão comum haver engraxates proprietários de ações), o colapso do mercado rapidamente impactou o restante da economia. Empresas pararam de investir. Cidadãos aterrorizados pararam de gastar. Por sua vez, menos consumo significava menos atividade econômica. Milhões de pessoas perderam o emprego. Nos Estados Unidos, o desemprego atingiu um pico de 25%, significando que um em cada quatro trabalhadores que estavam em busca de emprego não conseguia encontrar um. Cidades de barracas surgiram no Hyde Park de Londres, no Central Park de Nova York e no Sydney Domain. A América Latina foi especialmente atingida pela Grande Depressão, que contribuiu para a ascensão do nacionalismo autoritário. Em 1930, juntas militares tomaram o poder na Argentina e no Brasil.

A Grande Depressão foi sentida no mundo inteiro.

Ao estudar a Grande Depressão, o economista britânico John Maynard Keynes argumentou que o problema ocorreu porque as ações das pessoas afetavam umas às outras de maneiras inesperadas. Keynes comparou o problema a uma situação em que os membros de uma colônia de abelhas decidem que viverão vidas frugais. A frugalidade pode parecer virtuosa, mas, como o consumo de uma abelha é a produção de outra, a colônia entra em colapso e todas as abelhas em sua árvore oca ficam infelizes. Keynes argumentou que a solução era o governo gastar dinheiro — de preferência, em projetos de obras públicas — para reativar a economia.

Contudo, essa perspectiva não era unânime entre os economistas. Talvez o expoente mais eloquente da perspectiva oposta fosse o austríaco Friedrich von Hayek, para quem as recessões econômicas eram um mal necessário. Ele acreditava que as políticas governamentais no período pré-crise tornavam as taxas de juros muito baixas, levando as empresas a fazer empréstimos imprudentes. Quando a crise chegou, foram essas empresas imprudentes que entraram em colapso. Uma recessão, para Hayek, era menos uma doença evitável e mais como a inevitável ressaca após uma bebedeira.[4]

Não é difícil discernir as mensagens morais que embasam as duas análises. Para Hayek, recessões representavam uma purgação de investimentos ruins. Para Keynes, recessões eram angustiantes e desnecessárias. Hayek acreditava que a intervenção governamental só pioraria a situação, enquanto Keynes defendia o papel valioso do governo em atenuar o ciclo econômico. Hayek temia que governos democráticos pudessem minar a liberdade e acreditava que ditaduras transitórias às vezes eram necessárias.

As diferenças entre os dois economistas se estendiam às suas vidas pessoais. Hayek, criado por pais emocionalmente distantes em uma Áustria assolada por derrotas militares e dificuldades econômicas, era uma figura mais austera, fria e reservada. Uma biografia estima que ele teve apenas três amigos íntimos em toda sua vida.[5]

Por outro lado, Keynes transbordava autoconfiança. Tendo aprendido economia em seu tempo livre, reagiu a um baixo desempenho em uma prova com a alegre declaração: "Evidentemente, eu sabia mais sobre economia do que meus examinadores".[6] Colecionador de Picassos, Renoirs e Matisses, Keynes era um investidor que, para os padrões atuais, seria multimilionário. Mantinha diários de suas aventuras sexuais (com homens e mulheres), registrando 65 encontros em 1909, 26 em 1910, 39 em 1911 e assim por diante.[7] Na verdade, suas preferências diversificadas podem ter contribuído para sua mente aberta e visão de mundo liberal. Keynes tinha um talento especial para amizades, e ele e sua esposa, Lydia, eram membros do Grupo Bloomsbury, um grupo de escritores e pintores ingleses. Outra integrante do grupo, a escritora Virginia Woolf, descreveu Keynes como "uma foca empanturrada" com "papada, lábios vermelhos e carnudos" e "olhos pequeninos". Cosmopolita, otimista e confiante, qualidades que ajudaram a torná-lo o economista mais influente do início do século XX.

A diferença entre Keynes e Hayek foi resumida em uma batalha de rap simulada, escrita pelo produtor de vídeo John Papola e pelo economista Russ Roberts. O refrão diz (e foi traduzido para melhor compreensão dos leitores):

A gente já se estranha há séculos
[Keynes] Quero guiar os mercados,
[Hayek] Quero vê-los livres, libertos
Tem um ciclo de expansão e recessão, e motivo de sobra para temer a situação
[Hayek] A culpa é das taxas de juros baixas, imoral
[Keynes] Nada disso... é o nosso espírito animal *

Os keynesianos consideravam as recessões desastres naturais: um choque que poderia atingir qualquer um de nós. Os formuladores contemporâneos de políticas são, em grande parte, keynesianos (embora divirjamos sobre a magnitude de resposta do governo a esses choques). Um crítico de Hayek argumentou que sua abordagem às recessões era "tão inadequada quanto negar cobertores e estimulantes a um bêbado que caiu em um lago gelado, alegando que seu problema original era estar superaquecido".[8] A influência de Hayek na economia convencio-

* Do inglês *animal spirits*, refere-se a um conceito criado por Keynes durante a Grande Depressão para representar o estado de ânimo e as expectativas dos investidores. [N. da. T.]

nal de hoje não se origina de suas opiniões sobre como gerenciar o ciclo econômico, mas de seus textos sobre "a mão invisível" do mercado, que destacam como a ordem espontânea pode emergir de um mercado livre no qual os indivíduos buscam o interesse próprio.

A depressão da década de 1930 é chamada de "A Grande" Depressão, em parte, porque durou tempo demais. Em vez de ouvir Keynes, algumas nações adotaram a austeridade — cortando orçamentos governamentais diante da recessão. Segundo um estudo, o desemprego em 1939 — uma década após o crash do mercado de ações — estava acima de 10% na Bélgica, no Canadá, na Dinamarca, na Holanda, na Noruega e no Reino Unido.[9] Para muitas famílias, a renda após a inflação era menor em 1939 do que uma década antes.

Um dos fatores que prolongou a Grande Depressão foi a retratação de políticas de abertura. Em 1930, os republicanos norte-americanos Reed Smoot e Willis Hawley copatrocinaram a legislação para aumentar as tarifas relacionadas a mais de 20 mil importações agrícolas e industriais. Demonstrando o compromisso de sua profissão com o livre-comércio, 1.028 economistas escreveram uma carta aberta pedindo ao presidente Herbert Hoover que vetasse a *Smoot-Hawley Tariff Act* [Lei Tarifária de 1930]. Evidenciando a tendência dos políticos de ignorar os economistas em questões comerciais, o presidente sancionou a lei.

O aumento das tarifas prejudicou as empresas norte-americanas, elevando os preços de muitos de seus insumos. Centenas de peças de automóveis foram afetadas, prejudicando a indústria automotiva. A tarifa relacionada aos trapos de lã mais do que dobrou, prejudicando os fabricantes têxteis que usavam trapos de lã para confeccionar roupas de baixo custo.[10] Outros países responderam com novas tarifas próprias.[11] Os aumentos nas tarifas de automóveis na França praticamente fecharam os mercados do país para veículos norte-americanos com preço médio. A Espanha elevou as tarifas de muitos produtos exportados pelos EUA, incluindo máquinas de costura, lâminas de barbear e pneus. O Canadá aumentou as tarifas e impôs direitos "antidumping".

As restrições à imigração se intensificaram nos anos seguintes ao fim da Primeira Guerra Mundial.[12] O Canadá proibiu a imigração de alguns dos países contra os quais havia lutado. O Congresso dos EUA aprovou restrições à imigração que efetivamente baniram todos os imigrantes da Ásia e reduziram as cotas nacionais de outros países. As políticas foram ainda mais endurecidas na década de 1930. A Austrália impôs uma taxa de imigração equivalente a um quarto do salário médio anual australiano. A Tailândia introduziu um teste de alfabetização e autorizações de residência a um custo alto. A Nova Zelândia fechou o departamento de imigração. A migração da Europa foi menor na década de 1930 do que em meados do século XIX.

A Grande Depressão também provocou uma desaceleração significativa nos fluxos internacionais de capital. Nas décadas anteriores, o investimento fluía de países de alta renda para países de baixa renda, em busca de retornos mais elevados e, muitas vezes, seguindo os fluxos migratórios. Tanto a oferta de investimento estrangeiro quanto a demanda por investimento no exterior despencaram. Do Vietnã ao Brasil, a onda de investimento estrangeiro nas primeiras três décadas do século começou a esmorecer na década de 1930.[13]

No entanto, a Grande Depressão também ajudou a criar as condições políticas para uma reforma progressiva. Uma de suas principais idealizadoras foi a defensora dos direitos dos trabalhadores, Frances Perkins. No início da carreira, Perkins testemunhou o incêndio na fábrica Triangle Shirtwaist, na cidade de Nova York, no qual 146 operários

Se controla a maior parte do setor de alimentos, uma rede de supermercados pode exercer poder monopsônio sobre os agricultores, pagando a eles menos do que receberiam em um mercado competitivo.

— em sua maioria jovens mulheres imigrantes — perderam a vida em um prédio cujas saídas haviam sido trancadas para impedir pausas não autorizadas. A experiência fez com que Perkins aceitasse um emprego na cidade de Nova York, defendendo locais de trabalho mais seguros e um limite para o número máximo de horas que mulheres e crianças poderiam trabalhar.

Em 1933, o recém-eleito presidente Franklin D. Roosevelt nomeou Frances Perkins como Secretária do Trabalho dos EUA, tornando-a a primeira mulher a ocupar um cargo no gabinete. Perkins ajudou a elaborar a *United States Social Security Act* [Lei da Previdência Social dos Estados Unidos], parte fundamental do New Deal de Roosevelt. Promulgada em 1935, a previdência social fornecia pagamentos diretos aos idosos e, nas décadas seguintes, reduziu drasticamente a pobreza na terceira idade. Ainda que fosse financiada por impostos relativos à folha de pagamento, a previdência social possibilitava que as pessoas recebessem mais do que contribuíam.

O presidente Roosevelt assina a *Social Security Act* em 1935, na presença de Frances Perkins.

A primeira beneficiária mensal, a professora de Vermont Ida Fuller, começou a receber benefícios em 1940, quando se aposentou após ter pago US$25 em impostos previdenciários. Fuller viveu até os 100 anos, recebendo um total de US$22.889. Considerando a inflação, o valor dos benefícios que ela ganhou foi 200 vezes maior do que ela havia pago em impostos.

A década de 1930 também testemunhou considerável progresso na maneira como os economistas pensavam sobre as falhas do mercado. Ninguém foi mais determinante para esse trabalho do que Joan Robinson. Robinson cresceu em uma família que valorizava o pensamento não convencional e a não conformidade, ingressando no corpo docente da Universidade de Cambridge em 1931. Enquanto Keynes dominava a macroeconomia na época, Robinson se dedicava à microeconomia, testando algumas das análises de Alfred Marshall.

Em 1933, Robinson publicou a obra *The Economics of Imperfect Competition*, que revolucionou o pensamento econômico sobre como os mercados normalmente operam. Os modelos de Marshall tendiam a assumir uma economia em que os mercados eram compostos por muitos compradores e muitos vendedores. Essa pode ser uma boa representação para alguns setores, como o mercado de ações. E quanto à Companhia Britânica das Índias Orientais? A obra de Robinson apresentava a concorrência pujante não como realidade, mas como um caso especial. Enquanto outros imaginavam um mercado dinâmico com muitas entidades, a análise de Robinson reconhecia que monopólios e oligopólios eram comuns.

Robinson também introduziu o conceito de monopsônio: a situação em que um comprador exerce poder de precificação sobre seus fornecedores. Em uma cidade com uma única empresa, o empregador tem poder monopsônio sobre os trabalhadores, e isso possibilita que pague menos a eles do que o valor efetivo. Se controla a maior parte do setor de alimentos, uma rede de supermercados pode exercer poder monopsônio sobre os agricultores, pagando a eles menos do que receberiam em um mercado competitivo.

A curiosidade insaciável de Robinson a levava a questionar constantemente as ideias — incluindo as próprias. Trinta e seis anos após a publicação de *Economics of Imperfect Competition*, ela escreveu uma crítica severa de oito páginas sobre o próprio livro, que se tornou o prefácio da segunda edição. Apesar de suas significativas contribuições intelectuais, Robinson só foi nomeada professora titular em 1965. Talvez não por coincidência, fora o mesmo ano em que seu marido se aposentou de Cambridge. Em 1975, havia rumores tão fortes de que ela ganharia o Prêmio Nobel que a *Businessweek* publicou um longo perfil de seu trabalho antes do anúncio. No entanto, outra pessoa ganhou o prêmio.

Hoje, consideramos natural que os economistas calculem a produção econômica, mas as contas nacionais modernas só surgiram nas décadas de 1920 e 1930. O objetivo era obter uma série precisa ao longo do tempo da produção e dos gastos, o que possibilitaria determinar as mudanças na renda total de uma nação. No Reino Unido, Arthur Bowley e Josiah Stamp tentaram uma análise abrangente de um único ano. A.E. Feavearyear deu continuidade a um estudo, analisando como a renda nacional britânica era gasta — examinando tudo separadamente, desde coelhos até doações religiosas.

Outro pioneiro estatístico foi Colin Clark, que teve uma carreira bem-sucedida na Universidade de Cambridge e uma tentativa malsucedida na política (ele se candidatou pelo Partido Trabalhista Britânico em três ocasiões) antes de se mudar para a Austrália, publicando estimativas inovadoras da renda nacional. Nos Estados Unidos, Simon Kuznets e o National Bureau of Economic Research (fundado em 1920) desempenharam papel de liderança na sistematização da coleta de estatísticas nacionais sobre preços, ganhos, poupança e lucros. Para os acadêmicos, a coleta de dados facilitou a pesquisa. Para os formuladores de políticas, medir a produção econômica facilitou intervenções oportunas para evitar a recessão.

A forma como os dados estatísticos oficiais são manipulados por autocracias é um lembrete de que não devemos subestimar o papel dos estatísticos. Em 1937, Josef Stalin anunciou que a União Soviética realizaria um censo — o primeiro em mais de uma década. Stalin se gabava de que, sob suas políticas, a população estava crescendo rapidamente — adicionando mais pessoas a cada ano do que toda a população da Finlândia.

Era tudo uma mentira. Suas políticas provocaram a fome e a emigração em massa, e os resultados do censo revelaram uma população pelo menos 10 milhões menor do que Stalin havia afirmado. O censo de 1937 também mostrou que a maioria da população era religiosa, um resultado divergente das visões antirreligiosas da liderança. Stalin ordenou que os resultados não fossem publicados. O chefe do departamento de censo, Olimpiy Kvitkin, foi executado.

SADIE ALEXANDER

A primeira mulher afro-estadunidense a receber um doutorado em economia foi Sadie Alexander, cujos pais haviam sido escravizados. A dissertação de Alexander, escrita pela Universidade da Pensilvânia, focava famílias negras que haviam migrado para o norte, para a Filadélfia. Por meio de entrevistas com cem famílias, ela analisou os padrões de vida e de gastos. Embora muitos vivessem em casas superlotadas, Alexander descobriu que dois terços sobreviviam sem qualquer assistência externa — ainda mais se comprassem produtos a granel e conseguissem evitar pagar preços mais altos por serem negros.

Graduada em 1921, Alexander não conseguiu encontrar um emprego na área de economia condizente com sua capacidade. Ela retornou à Universidade da Pensilvânia para estudar direito e, depois, foi trabalhar no escritório de seu marido, trabalhando juntos em processos de direitos civis para acabar com a segregação nos cinemas e hotéis da Filadélfia.

Seus discursos públicos são ricos em insights econômicos.[14] Em um deles, ela observou como as políticas para ajudar os brancos pobres prejudicavam inadvertidamente os afro-estadunidenses. Quando a *National Industrial Recovery Act* [Lei de Recuperação Industrial Nacional] de 1933 do presidente Franklin D. Roosevelt aumentou os salários em determinados setores, os empregadores demitiram trabalhadores negros e contrataram brancos em seus lugares. Alexander apelidou a lei de "Lei de Redução do Afro-estadunidense".

Para alcançar a igualdade racial, argumentou Alexander, o pleno emprego era essencial. Como os trabalhadores negros eram "os últimos a serem contratados e os primeiros a serem demitidos", eles sofriam mais em uma recessão econômica. O pleno emprego também melhorou as atitudes raciais. Alexander defendia que o pleno emprego fortalecia a democracia, amenizando os "medos da rivalidade econômica" dos trabalhadores brancos. Segundo ela, em um mercado de trabalho forte, os demagogos políticos tinham menos chances de encontrar base de apoio. Ela estava à frente de seu tempo: pesquisas recentes mostram que as crises econômicas aumentam as chances de populistas de direita exercerem cargos públicos.[15]

8

A SEGUNDA GUERRA MUNDIAL E O ACORDO DE BRETTON WOODS

Com a ascensão do fascismo, os Aliados tentaram, erroneamente, apaziguar Hitler. O Acordo de Munique de 1938 permitiu que a Alemanha anexasse a região dos Sudetos. O Pacto Nazista-Soviético de 1939 facilitou a invasão da Europa Oriental pela Alemanha. Fatores econômicos também tiveram sua importância. As ambições imperiais do Japão eram, em parte, resultado da falta de reservas energéticas nacionais. A hiperinflação e o fardo das indenizações da Primeira Guerra Mundial causaram ressentimento entre muitos alemães. A invasão da Rússia pela Alemanha representou uma tentativa de obter controle de reservas adicionais de petróleo na região entre o Mar Negro e o Mar Cáspio.[1]

A economia também sugere que o resultado da Segunda Guerra Mundial poderia ter sido previsto a partir dos indicadores econômicos da época. Assim como na Guerra Civil Americana e na Primeira Guerra

Mundial, no início o equilíbrio de recursos favorecia bastante o eventual vencedor. Comparadas com as Potências do Eixo (Alemanha, Itália, Japão e seus aliados), as Potências Aliadas (Reino Unido, França e seus aliados) tinham mais do que o dobro de pessoas, mais de sete vezes o território e uma renda combinada 40% maior.[2]

As vitórias iniciais da Alemanha se deviam muito à habilidade de generais como Erwin Rommel e a táticas como a *blitzkrieg* (guerra relâmpago) e a *bewegungskrieg* (guerra de manobra). Como afirma um historiador econômico, "todos — poloneses, holandeses, belgas, franceses, iugoslavos, gregos, britânicos, norte-americanos e russos — que enfrentaram os nazistas falharam de forma mais ou menos igual, tanto tática quanto operacionalmente, pelo menos, em seus confrontos iniciais, e em vários confrontos subsequentes".[3]

No entanto, não houve batalhas decisivas na Segunda Guerra Mundial.[4] Nem Pearl Harbor. Nem Midway. Nem Stalingrado. Nem Kursk. A guerra fora sobretudo uma disputa de produção industrial, e as Potências Aliadas tinham mais recursos à sua disposição. Isso se evidenciou mesmo no meio da guerra, porque enquanto a Alemanha de Hitler havia anexado grande parte da Europa, os Estados Unidos e a União Soviética haviam se juntado ao conflito ao lado dos Aliados. Em 1942, as Potências Aliadas ainda sustentavam vantagem decisiva em pessoas, território e renda. Os porta-aviões ilustram essa diferença: embora o Japão tenha compreendido seu valor estratégico desde o início, as Potências Aliadas construíram 90% dos porta-aviões produzidos durante a guerra.

As nações combatentes diferiam em quanto de sua economia dedicavam ao esforço bélico.[5] A Itália nunca dedicou mais de um quarto de sua economia à Segunda Guerra Mundial, enquanto em seu auge, o Japão dedicava mais de três quartos de sua economia aos militares. O Reino

Quando se tratava da produção de munições, as Potências Aliadas produziam, pelo menos, o dobro de rifles, tanques, aeronaves, morteiros e navios de guerra. As Potências do Eixo eram inferiores em poder de fogo, literalmente.

Unido e a Rússia também conseguiram destinar mais da metade de sua produção à guerra, enquanto os Estados Unidos dedicaram dois quintos de sua economia à guerra. Juntos, isso conferia vantagem substancial às Potências Aliadas. Quando se tratava da produção de munições, as Potências Aliadas produziam, pelo menos, o dobro de rifles, tanques, aeronaves, morteiros e navios de guerra. As Potências do Eixo eram inferiores em poder de fogo, literalmente.

Ao longo dos conflitos, os prejuízos econômicos da Segunda Guerra Mundial foram mais devastadores do que os da Primeira Guerra Mundial, em grande parte, porque a tecnologia de matar havia avançado muito nos anos que se seguiram. No ar, aviões bimotores e zepelins da Primeira Guerra Mundial desempenharam um papel relativamente pouco significativo, ao passo que, na Segunda Guerra Mundial, testemunhamos esquadrões de bombardeiros devastarem cidades com bombas incendiárias — e, por fim, com bombas atômicas. Na água, a Segunda Guerra Mundial contou com porta-aviões, possibilitando batalhas navais em que os navios adversários nunca se viram. Bombardeiros de longo alcance, caças a jato, torpedos autoguiados e mísseis de cruzeiro foram desenvolvidos durante a Segunda Guerra Mundial. Ao todo, a Segunda Guerra Mundial ceifou três vezes mais vidas do que a Primeira Guerra Mundial.

Além das invenções, a Segunda Guerra Mundial possibilitou avanços na econometria — a aplicação de técnicas estatísticas a questões econômicas. Uma das preocupações concretas era como proteger melhor os bombardeiros para aumentar suas chances de sobreviver ao fogo inimigo. Colegas sem experiência, ao examinarem a parte inferior dos aviões que retornavam e observarem danos desproporcionais em locais como a cauda, sugeriram melhorias nesses locais. No entanto, o matemático

Abraham Wald, refugiado judeu da Hungria, percebeu que eles estavam vendo apenas uma parte da realidade. O que eles viam era o dano que um bombardeiro poderia suportar e ainda voltar para casa. A ausência de bombardeiros que retornavam com danos no nariz sugeria que eram justamente os pontos que precisavam de reforço adicional. As técnicas de Wald continuam a ser usadas pelos econometristas até hoje.

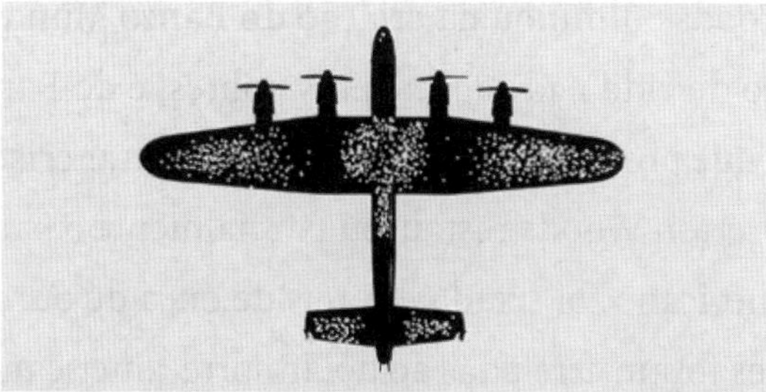

O que estava faltando nos dados? Todos os aviões que foram abatidos.

A paz que se seguiu à Segunda Guerra Mundial foi mais duradoura, em parte, porque os países aprenderam as lições do conflito anterior. Por meio do Plano Marshall, os Estados Unidos forneceram US$13 bilhões à Europa Ocidental, o equivalente a cerca de 3% da produção econômica anual da região.[6] Na Alemanha e no Japão, as potências ocupantes enfatizaram consideravelmente a restauração e, como resultado, ambos os países se tornaram grandes potências industriais em uma geração.

Os economistas desempenharam um papel crucial na construção de uma arquitetura econômica internacional que sustentasse a paz. Em 1944, uma conferência em Bretton Woods, New Hampshire, reuniu representantes de todas as 44 nações aliadas. Fora uma reunião peculiar. Keynes representava o Reino Unido, na esperança de evitar os erros econômicos cometidos após a Primeira Guerra Mundial. Os Estados Unidos foram representados por Harry Dexter White, que, segundo boatos, era um espião russo. A França foi representada por Pierre Mendès France, o que deve ter facilitado as coisas para quem escrevia os cartões com os nomes.

A partir dessa reunião improvável, surgiu um acordo para pôr fim ao isolacionismo econômico, resultando na aceitação de que o comércio e os fluxos de capital contribuiriam para um mundo mais rico e estável. Bretton Woods culminou na criação do Banco Mundial, que visava elevar o padrão de vida nas nações mais pobres, e do Fundo Monetário Internacional, que pretendia ajudar os países a evitar crises financeiras. O Acordo de Bretton Woods restaurou parcialmente o padrão-ouro: um dólar norte-americano foi fixado em 1/35 de onça de ouro, e as moedas de outros países foram atreladas ao dólar norte-americano. No entanto, a capacidade de converter notas em ouro foi restrita à transações internacionais oficiais e raramente ocorria na prática.

Os macroeconomistas nos anos do pós-guerra continuaram a se basear no trabalho de Keynes. Uma figura notável foi Bill Phillips. Nascido em uma fazenda de gado leiteiro da Nova Zelândia, Phillips trabalhou como gerente de cinema, minerador de ouro e caçador de crocodilos antes de se formar como engenheiro e alistar-se na Segunda Guerra Mundial. Ele passou três anos em um campo de concentração japonês. Quando estava encarcerado, Phillips aprendeu chinês com outros prisioneiros e ajudou a construir um rádio secreto.

Após a guerra, ele se matriculou em sociologia na London School of Economics, mas logo mudou para o curso de economia. Em 1949, trabalhando na garagem da proprietária da casa que alugava, Phillips usou bombas de água para construir um modelo hidráulico da economia.[7] Projetada inicialmente como um auxílio aos estudos, a máquina acabou sendo boa em simular o efeito de possíveis mudanças nas políticas

— mostrando como a mudança nos gastos e na tributação do governo afeta o "fluxo circular" da renda. Cerca de uma dúzia dessas máquinas foram construídas, incluindo uma na Universidade de Cambridge que funciona até hoje.

Bill Phillips com seu Computador Analógico de Renda Nacional Monetária (MONIAC).

Os progressos nos modelos de Keynes foram desenvolvidos por Paul Samuelson, do Instituto de Tecnologia de Massachusetts (MIT). O "keynesianismo pragmático" de Samuelson elencava que preços e salários fixos impediam que o pleno emprego fosse alcançado estritamente por meio do mercado, fornecendo uma justificativa econômica para a intervenção do governo em tempos de crise.

Ainda que os economistas costumem dialogar principalmente por meio de artigos em vez de livros, estes últimos são importantes, e o livro de Samuelson de 1948 é um dos mais importantes de todos. Samuelson acreditava que o livro de Keynes, *A Teoria Geral do Emprego, do Juro e da Moeda,* era "a obra de um gênio", mas estava repleta de contradições e era mal escrita. Samuelson acreditava que a matemática era a linguagem natural da economia e começou a formalizar as ideias de Keynes matematicamente — e, no processo, ajudou a afastar a economia da narrativa e aproximá-la das equações. Como Samuelson observou com satisfação, "não me importo com quem redige as leis da nação, desde que eu possa escrever seus livros".

Uma das ideias enfatizadas no livro de Samuelson foi a vantagem comparativa, princípio articulado por David Ricardo mais de um século antes. A vantagem comparativa mostra que, quando dois países negociam entre si, ambos se beneficiam. A diferença é o que faz a negociação funcionar. Os países negociam entre si porque determinadas lavouras prosperam melhor em diferentes partes do mundo, porque algumas nações desenvolveram um talento especial para produzir determinados produtos ou porque níveis salariais mais baixos tornam a fabricação de bens com uso intensivo de mão de obra mais barata. O café brasileiro, os relógios suíços e os tecidos de Bangladesh representam uma diferença incorporada em uma exportação. Mais tarde em sua carreira, Samuelson descreveu a vantagem comparativa como o melhor exemplo, em ciências sociais, de uma teoria que é verdadeira e nada óbvia.

Na década de 1930, muitos formuladores de políticas ignoraram uma lição crucial da história: o protecionismo, como o desencadeado pela *Lei de 1930*, apenas enfraquece o comércio. Mas, após a Segunda Guerra Mundial, o comércio começou a crescer novamente. Em 1947, países que representam mais de quatro quintos do comércio global assinaram o Acordo Geral sobre Tarifas e Comércio, concordando em reduzir 45 mil tarifas e impulsionando US$10 bilhões em transações de comércio mundial.

A Segunda Guerra Mundial foi um importante estímulo para a expansão do estado de bem-estar social. Governos aumentaram impostos, racionaram alimentos e roupas e forneceram benefícios financeiros às famílias. As lembranças da Grande Depressão e o sofrimento nos campos de batalha levaram muitos a acreditar que, após a paz, era hora de construir uma sociedade mais justa.

No Reino Unido, os economistas Janet e William Beveridge publicaram um relatório importante em 1942 que identificava cinco males da sociedade — miséria, ignorância, carência, ociosidade e doença — e propunham um esquema de seguro nacional que proporcionaria assistências aos desempregados, doentes ou idosos. A filosofia que embasava o Relatório Beveridge diferia das reformas de Bismarck: as últimas se baseavam em contribuições individuais, a abordagem de Beveridge implicava um programa de governo universal. A demanda por esse tipo de programa social era tão forte que o povo britânico, em 1945, trocou o governo Churchill por um governo trabalhista que prometia amparo de segurança social "do berço ao túmulo" aos seus cidadãos.

A expansão do estado de bem-estar social acompanhou um aumento no papel do governo na economia. Em países desenvolvidos, a participação do governo na economia cresceu de uma média de 24% em 1937 para 28% em 1960.[8] Após o fim da Segunda Guerra Mundial, o Reino Unido privatizou ferrovias, minas de carvão, energia elétrica, parte do setor siderúrgico e o Banco da Inglaterra. A França assumiu o controle da empresa automobilística Renault, que havia colaborado com os ocupantes nazistas, bem como a indústria de gás e eletricidade e a maioria dos setores bancários e de seguros. A Nova Zelândia estatizou o Banco da Nova Zelândia. A Suécia concluiu o processo de privatização de suas ferrovias.

Em todo o mundo desenvolvido, o crescente papel do governo se refletiu em uma maior arrecadação de impostos. Antes da Segunda

Guerra Mundial, em muitos países, o trabalhador comum não pagava imposto de renda. Durante a guerra, esse imposto foi expandido para a maioria dos trabalhadores, facilitado pela introdução do imposto retido na fonte, que exigia que os empregadores deduzissem os impostos de renda e os repassassem ao governo. Os trabalhadores sempre podiam descobrir quanto imposto pagavam, mas eram menos propensos a se ressentir se nunca vissem o dinheiro que estavam perdendo.

9

OS TRINTA ANOS GLORIOSOS? (1945 A 1975)

Um dos aspectos mais impressionantes da vida é o quanto ela é determinada pela sorte. No momento em que seus pais se conheceram, as chances de que o espermatozoide e o óvulo específicos, que lhe deram a vida, se unissem eram de menos de 1 em 1 milhão. Em todo o mundo, a maioria das diferenças de renda é determinada pelo país de nascimento de uma pessoa e pela posição social de seus pais.[1] A menos que você acredite que escolheu seus pais, isso também é sorte.

No mercado de trabalho, a sorte está por toda parte. Um jovem que conclui o ensino médio durante uma recessão terá mais dificuldade em conseguir um emprego — um efeito "marcante" que pode persistir por uma década ou mais. Alguns trabalhadores escolhem carreiras promissoras e, depois, descobrem que ficaram sem emprego por causa da tecnologia. Quando uma grande empresa em uma cidade pequena vai à falência, pode ser quase impossível que todos encontrem trabalho na mesma área. Existe a adversidade da deficiência — desde anomalias congênitas até acidentes no local de trabalho — que podem dificultar que uma pessoa ganhe o suficiente para se sustentar. E existe a possibilidade de uma pessoa viver mais do que suas economias — um resultado de sorte, em termos de desfrutar de mais anos, mas um azar, em uma sociedade que não provê os cuidados necessários para seus idosos.

Na era do pós-guerra, a redistribuição dos sortudos para os azarados ocorreu tanto pelo sistema de bem-estar social quanto pelo sistema tributário. Os impostos de renda eram altamente progressivos — significando que os que ganhavam mais pagavam uma porcentagem maior sobre sua renda. Na música "Taxman" dos Beatles, o coletor de impostos diz: "é um para você, e dezenove para mim". A banda não estava exagerando. Naquela época, seus membros faziam parte da maior faixa tributária, o que os sujeitava a um superimposto de 95%. Acima desse limite, a cada US$20 ganhos pela banda, US$19 eram pagos em impostos. Alguns anos mais tarde, os Rolling Stones se mudaram repentinamente da Grã-Bretanha para evitar os impostos, chamando o álbum resultante de *Exile on Main St.*

Em relação à força de trabalho, os sindicatos se tornaram uma força cada vez mais poderosa, afetando praticamente todos os aspectos da vida profissional. A forma como os sindicatos atuavam poderia ser bastante diferente. Na Suécia, as federações sindicais negociavam acordos salariais nacionais com os principais órgãos de empregadores. Na Austrália, os sindicatos defenderam casos salariais perante órgãos ou entidades judiciais trabalhistas. Nos Estados Unidos, os sindicatos negociavam diretamente com a administração das empresas. Em países que ainda eram governados por potências coloniais, com frequência, os sindicatos estavam na vanguarda dos movimentos de independência nacional e das campanhas por maior controle local. Em todo o mundo,

Durante as décadas de 1950 e 1960, a indústria manufatureira representava uma opção para a classe média de trabalhadores com pouca educação formal.

as licenças médicas, as férias, os pagamentos de fim de semana, os padrões de segurança, as leis antidiscriminação, a segurança do trabalho e o próprio salário foram moldados pelos sindicatos. Independentemente de você ser membro de um sindicato ou não, é provável que seu trabalho fosse bem diferente, caso eles nunca tivessem existido.

Os sindicatos fizeram campanha por salários maiores, condições de trabalho mais seguras e leis antidiscriminação.

Nas décadas do pós-guerra, os sindicatos registraram um forte crescimento em muitos países desenvolvidos. Na década de 1970, um em cada três funcionários do grupo de nações desenvolvidas da OCDE eram membros de sindicatos (hoje, o número é inferior a um em cada seis).[2] A força dos sindicatos na era do pós-guerra foi, em parte, uma função da estrutura econômica. Podemos considerar a sindicalização como uma disputa entre os funcionários — que se organizam em um local de trabalho — e os empregadores —, que estabelecem novos locais de trabalho. Isso ajuda a explicar por que as taxas de sindicalização tendem a ser maiores nas fábricas e no setor público do que nas empresas iniciantes. Em muitos países, um setor manufatureiro forte provou ser um terreno fértil para a organização sindical, o que, por sua vez, garantiu bons salários em relação aos empregos. Durante as décadas de 1950 e 1960, a indústria manufatureira proporcionava um caminho para a classe média de trabalhadores com pouca educação formal.

No entanto, a educação formal era exatamente o que muitos trabalhadores estavam desenvolvendo durante esse período, à medida que as taxas de conclusão escolar aumentavam e o ensino superior se tornava cada vez mais comum. Isso foi um fator crucial na redução da desigualdade observada em muitos países desenvolvidos durante as décadas do pós-guerra. Uma teoria sobre a desigualdade sugere que ela depende da relação entre o crescimento da educação e da tecnologia.[3] Se a educação estagnar enquanto a tecnologia avança, a sociedade tende a se tornar mais desigual. Quando o nível de educação cresce mais rápido do que o surgimento de novas tecnologias, a sociedade se torna mais igualitária. A melhor forma de reduzir a desigualdade, segundo essa teoria, é garantir que todos recebam uma educação de qualidade.

Outra grande teoria da desigualdade — compatível com a ideia de uma corrida entre educação e tecnologia — concentra-se na diferença entre a taxa de crescimento econômico (g) e a taxa de retorno do capital investido (r). Os ativos de capital, como terras e participações societárias, tendem a se concentrar nas mãos dos mais ricos (atualmente, os 10% mais ricos detêm 76% da riqueza global); portanto, um alto retorno sobre o capital beneficia desproporcionalmente os mais abastados.[4] No livro O *Capital no Século XXI, o* economista francês Thomas Piketty propôs que, quando r > g, a desigualdade aumenta. Isso, ele argumenta, é o estado normal da realidade humana.

Nas décadas do pós-guerra, por outro lado, a taxa de retorno do capital em muitos países desenvolvidos ficou drasticamente abaixo de sua média de longo prazo, ao passo que a taxa de crescimento econômico ficou significativamente acima de sua média histórica. Com $r < g$, a desigualdade em muitos países de alta renda diminuiu. Em todo o mundo desenvolvido, os empregos eram abundantes, os salários aumentavam mais rápido do que os lucros, e os ganhos no chão de fábrica eram cada vez maiores do que nos altos escalões da diretoria.

O efeito pode ter sido generalizado, mas cada nação se orgulhava de seu sucesso. Os franceses chamaram as três décadas do pós-guerra de *les Trente Glorieuses* (Os Trinta Anos Gloriosos). Os italianos chamaram de *il boom economico* (o boom econômico). Os espanhóis apelidaram de *el milagro económico español* (o milagre econômico espanhol). Os alemães chamaram de *das Wunder am Rhein* (o Milagre no Reno). Por mais que minha pesquisa demonstre que os eleitores eram mais propensos a reeleger governos que apresentavam alto crescimento econômico, eles deixavam a desejar quando se tratava de diferenciar governos que tiveram a sorte de estar no poder quando a economia mundial era forte daqueles que eram habilidosos o suficiente para superar a média global.[5]

As décadas gloriosas não criaram apenas políticos sortudos. Fora a época em que muitos europeus compraram carros pela primeira vez e muitos norte-americanos compraram o primeiro freezer. Televisões e toca-discos se popularizaram. Um dos principais impulsionadores da equalização de riqueza foi a disseminação da casa própria. Por exemplo, ao final da Primeira Guerra Mundial, 23% das moradias britânicas eram ocupadas por seus proprietários. No final da década de 1970, o número havia subido para quase 58%.[6]

As décadas do pós-guerra também testemunharam a entrada em larga escala de mulheres na força de trabalho remunerada. Em geral, os não economistas atribuem isso à evolução das normas sociais. Mas os economistas também ressaltam o papel da tecnologia e da política. Fogões elétricos, aspiradores de pó, água encanada, geladeiras e máquinas de lavar facilitaram o trabalho doméstico, transformando a vida de muitas mulheres. A pílula anticoncepcional possibilitou que as mulheres tivessem maior controle sobre quando ter filhos. Economistas, como Claudia Goldin, ressaltam que isso, por sua vez, criou um incentivo maior para as mulheres investirem na educação.

Para os empreendedores, o modelo de franquias criou um novo híbrido — uma combinação entre abrir um pequeno negócio independente e comprar ações de uma empresa de grande porte. Em 1953, Richard e Maurice McDonald venderam a primeira franquia em Phoenix, Arizona. No ano seguinte, o empresário Ray Kroc usou o modelo de franquia que, posteriormente, transformou o McDonald's na maior rede de restaurantes do mundo.

Um antigo restaurante McDonald's da década de 1950.

Hotéis, supermercados e agentes imobiliários também usam as franquias de maneira considerável. O modelo possibilita que os estabelecimentos se beneficiem de campanhas publicitárias nacionais e de processos de produção padronizados, mas também transfere grande parte dos riscos para o pequeno franqueado, que pode estar em desvantagem de negociação ao lidar com um franqueador de grande porte.

A adoção de tecnologias novas gerou efeitos inesperados. Em 1955, 1 em cada 50 residências dos EUA tinha ar-condicionado. Em 1980, a maioria tinha. O uso do ar-condicionado se disseminou em ritmo acelerado pelo mundo (atualmente, existem mais de 2 bilhões de aparelhos de ar-condicionado em todo o globo). A tecnologia possibilitou uma migração em massa rumo à Linha do Equador em muitos países desenvolvidos. Os norte-americanos se mudaram para a Flórida. Os australianos se mudaram para Queensland. Cidades equatoriais e desérticas, como Singapura, Dubai e Doha, prosperaram. O ar-condicionado reorganizou o mundo, literalmente.[7]

A difusão da economia para outras disciplinas pode ser rastreada até esta época. Certo dia, o economista Gary Becker estava atrasado para uma reunião.[8] Se estacionasse em um local permitido, se atrasaria mais ainda. Somente se estacionasse em um local não permitido, ele chegaria à reunião a tempo. Becker calculou a chance de receber uma infração de trânsito, multiplicou pela multa e decidiu que o custo esperado era menor do que o benefício esperado de chegar à reunião a tempo.

A experiência o fez escrever um artigo inspirador: "Crime and punishment: An economic approach [Crime e Castigo: uma abordagem econômica, em tradução livre]".[9] Em vez de presumir que os criminosos são estúpidos, Becker ponderou, por que não pensar em como eles se comportariam se estivessem tentando maximizar seu bem-estar como todo mundo? Um dos resultados desse artigo é que a dissuasão depende tanto do castigo quanto das chances de detecção. Se os potenciais criminosos valorizam pouco o longo prazo, talvez dobrar as rondas policiais seja uma forma mais econômica de reduzir a criminalidade do que dobrar as sentenças de prisão.

O artigo de Becker também viabilizou ferramentas da economia para o estudo da discriminação.[10] Empregadores racistas, ele argumentou, acabarão pagando custos salariais maiores. Ao se recusarem a contratar candidatos a emprego pertencentes a minorias, os empregadores racistas estão reduzindo o número de pessoas que estão dispostos a empregar. Ou seja, para obter o mesmo nível de funcionários, eles acabarão pagando mais do que um empregador não racista. Em um mercado competitivo, no qual os clientes não compartilham dos preconceitos do empregador, ser racista levará a lucros menores.

Em termos econômicos, o artigo de Becker sugere que uma maior concorrência pressionará mais os empregadores racistas — fornecendo um incentivo econômico para que escolham o melhor candidato ao cargo. O mesmo vale para outras formas de discriminação, inclusive contra mulheres, trabalhadores mais velhos, minorias religiosas, pessoas com deficiência e pessoas LGBTIQA+. A concorrência propriamente dita não elimina a discriminação, mas pode desempenhar um papel positivo.

Durante esse período, a economia aplicada também continuou avançando. Uma área fundamental foi a distinção entre correlação e causalidade*. Pessoas que usam uma numeração maior de sapatos tendem a ser mais altas, mas usar sapatos maiores não faz ninguém crescer em estatura. Pessoas que comem sorvete têm maior probabilidade de ter queimaduras de sol, mas recusar uma guloseima gelada em um dia

* Em estatística, os termos *causation* e *causality* referem-se a conceitos inter-relacionados, porém com diferenças sutis, ambos essenciais para identificar relações entre eventos ou variáveis. *Causation* denota uma ligação direta em que um evento resulta diretamente da ocorrência de outro, estabelecendo uma clara relação de causa e efeito entre eles. Por outro lado, *causality* é um conceito mais abrangente que engloba a ideia de causalidade, mas também se refere ao estudo das próprias relações causais. Neste livro, *causation* foi traduzido como causalidade para melhor compreensão dos leitores. [N. da T.]

quente não o protegerá contra o câncer de pele. No campo da economia, é complicado determinar o impacto da ajuda externa no crescimento econômico (visto que, geralmente, a ajuda é direcionada a países em dificuldades) ou desvencilhar o impacto da exportação no desempenho da empresa (visto que empresas mais bem administradas geralmente têm perspectiva mais global).

O CONTÊINER DE TRANSPORTE

No início da década de 1950, as docas estavam repletas de variedade de caixas, tonéis e engradados. Carregar um navio pode envolver o transporte de bobinas de fio de aço, pedaços soltos de madeira, fardos de algodão e barris de azeitonas. Rotineiramente, as cargas eram danificadas. Não raramente, os trabalhadores se feriam ou morriam. Carregar todas as mercadorias em um navio pode levar dias. Às vezes, a despesa de carregar e descarregar navios representava metade dos custos totais de transporte. Para muitas mercadorias, o comércio internacional estava fora de cogitação.

Navios de grande porte podem transportar mais de 10 mil contêineres.

O inventor do moderno contêiner de transporte foi o empresário norte-americano de transporte Malcolm McLean. Em 26 de abril de 1956,

McLean carregou 58 contêineres a bordo do SS *Ideal* X e os transportou de Nova Jersey para o Texas. Os contêineres tinham um mecanismo de encaixe giratório acima de cada canto, possibilitando que fossem facilmente movimentados por guindastes. Nas décadas seguintes, McLean e outros do setor de transportes discutiram especificações, finalmente estabelecendo um padrão. Atualmente, a maioria dos contêineres de transporte marítimo do mundo mede 12,2 metros de comprimento por 2,4 metros de largura e 2,6 metros de altura. Normalmente, cada contêiner pode transportar 30 toneladas. Os navios porta-contêineres modernos têm centenas de metros de comprimento e transportam milhares de contêineres. Carregar e descarregar demora algumas horas, e isso é gerenciado por sistemas computacionais que garantem que o navio permaneça estável o tempo todo.

O contêiner padronizado reduziu os custos de frete a tal ponto que se tornaram quase insignificantes. Uma caixa de aço padronizada encurtou as distâncias do mundo.

Mesmo que, na ciência laboratorial, os pesquisadores tenham controle sobre o que está em cada tubo de ensaio, a situação fica mais complexa quando se trata de pessoas em nosso mundo cotidiano. Ainda assim, a medicina começou a recorrer aos ensaios clínicos randomizados. Logo após o fim da Segunda Guerra Mundial, pesquisadores testaram tratamentos para tuberculose e a vacina contra a poliomielite, comparando-os com pacientes que foram aleatoriamente selecionados para receber um placebo. Os cientistas sociais perceberam como poderiam usar técnicas semelhantes. Em 1962, o progresso dos ensaios clínicos randomizados foi significativo, devido ao início de dois experimentos sociais que testavam intervenções na primeira infância. O Early Training Project, no Tennessee, e o Perry Preschool Project, em Michigan, avaliavam se programas de alta qualidade para a primeira infância poderiam fazer a diferença para crianças em idade pré-escolar extremamente desfavorecidas.

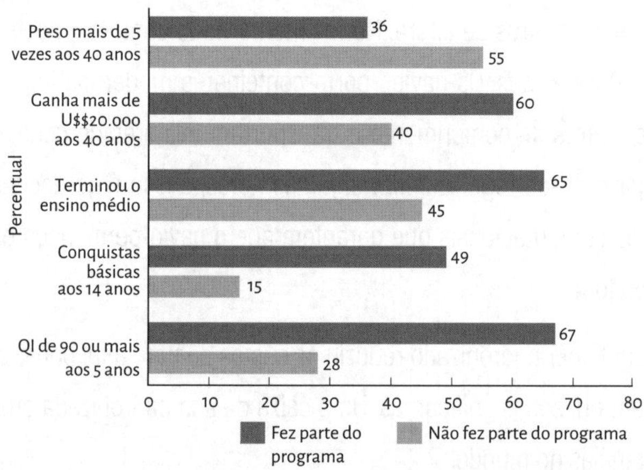

O ensaio randomizado do Perry Preschool Project mostrou grandes diferenças entre o grupo que "fez parte do programa" e o grupo de controle que "não fez parte do programa".

Quando os participantes atingiram a idade adulta, as diferenças eram claras: aqueles que receberam intervenção na primeira infância registraram rendas maiores e taxas de prisão menores do que seus colegas no grupo de controle. Esses programas não apenas reformularam o pensamento dos economistas sobre a primeira infância, como também contribuíram para o crescente interesse na randomização como ferramenta para separar a correlação da causalidade.

A integração econômica continuou a aumentar durante as décadas do pós-guerra. Após a criação do Acordo Geral sobre Tarifas e Comércio, os países assinaram acordos tarifários significativos em 1949, 1951, 1956,

1962, 1967, 1979 e 1994. A Comunidade Econômica Europeia foi formada em 1957, eliminando todas as tarifas entre seus 6 membros fundadores e atraindo cada vez mais membros nas próximas décadas. Hoje, a União Europeia é o bloco comercial mais importante do mundo, composto por 27 países e mais de 400 milhões de pessoas.[11] O bloco possibilita que as pessoas em países menores desfrutem de muitos dos benefícios que aqueles em grandes nações democráticas consideram como garantidos. Luxemburgo tem apenas dois terços de um milhão de pessoas, mas elas têm a liberdade de viajar, trabalhar e negociar em qualquer lugar da União Europeia, em vez de se limitarem aos produtos e às oportunidades disponíveis em sua pequena nação.

As viagens aéreas, outrora privilégio dos super-ricos, continuaram a cair de preço. Em relação a outros itens, as tarifas aéreas caíram um quarto durante a década de 1960, enquanto as velocidades de voo quase dobraram.[12] O ano de 1970 testemunhou o advento do Boeing 747, a primeira aeronave de grande porte, que podia transportar cerca de 400 passageiros. A crescente demanda por voos levou a outro problema: os passageiros costumavam pagar suas passagens no aeroporto, e o lento processamento de cartão de crédito fazia com que alguns viajantes perdessem os voos.

Em 1970, a American Airlines, a IBM e a American Express realizaram o primeiro teste de um cartão de crédito com tarja magnética no aeroporto O'Hare, em Chicago. A tecnologia simplificou as viagens aéreas e a experiência de varejo de maneira mais ampla. Além disso, incentivou o crescimento do endividamento pessoal. As dívidas médias de cartão de crédito hoje excedem US$300 na Índia, US$1.500 na China e US$5.000 nos Estados Unidos.[13] Uma infinidade de estudos demonstrou que, quando pagam com cartões de crédito em vez de dinheiro, as pessoas são mais propensas a gastar demais — tomando decisões das quais se arrependem mais tarde.[14]

Um dos motivos pelos quais podemos nos arrepender de uma compra é que muitas mercadorias perdem o valor no momento em que saímos da loja. Em 1970, o economista George Akerlof explicou o porquê.[15] Suponha que os vendedores de carros usados saibam discernir entre um carro de alta qualidade (um "pêssego") e um carro de baixa qualidade (um "limão"). Como os compradores não sabem dessa informação, isso faz com que os vendedores de limões dominem o mercado. Sabendo que provavelmente comprarão um limão, os compradores só estão dispostos a pagar preços de limão. Assim, os proprietários de pêssegos não vendem, e o mercado de carros usados se torna "um mercado de limões". A pesquisa, que acabaria por render a Akerlof o Prêmio Nobel, foi rejeitada por três periódicos acadêmicos antes de ser publicada — fato que continua a servir de consolo aos economistas cujos artigos são rejeitados (a taxa de rejeição dos cinco principais periódicos de economia agora é de cerca de 95%).[16]

A prosperidade desse período não se estendeu a todos. Depois que o Partido Comunista Chinês de Mao Zedong assumiu o poder em 1949, muitos líderes empresariais foram executados. A agricultura foi coletivizada, reduzindo o incentivo para os camponeses trabalharem duro, já que qualquer produto adicional, fruto do trabalho, tinha que ser compartilhado com toda a comunidade. Em 1958, Mao lançou o "Grande Salto Adiante", um plano desmiolado em que os agricultores foram incentivados a produzir ferro e aço em fornos de quintal. Milhões de panelas e frigideiras em perfeitas condições foram derretidas em sucata de ferro.

No mesmo ano, Mao ordenou que o povo exterminasse os pardais sob a alegação de que eles consumiam grãos. A campanha conclamava as pessoas a fazer tanto barulho, de modo que os pardais morressem de exaustão. Milhões de pardais pereceram, gerando outro problema: eles não estavam por perto para comer os gafanhotos que devoraram grande parte da safra do ano seguinte. Por fim, Mao importou 250 mil pardais da União Soviética para restaurar o ecossistema. As perdas de colheitas contribuíram para uma queda de 40% na produção de arroz e trigo entre 1957 e 1961 e para uma fome que matou dezenas de milhões de pessoas.[17]

No entanto, mais caos estava por vir. A partir de 1966, a Revolução Cultural endossou a Guarda Vermelha de Mao, que atacou cientistas, acadêmicos e intelectuais. Universidades e escolas foram fechadas e milhões de jovens da cidade (incluindo o futuro presidente Xi Jinping) foram enviados para viver na zona rural — muitas vezes privados de qualquer educação formal. Os contínuos embates políticos fizeram com que a desordem se instaurasse em diversos setores do governo, contribuindo para tragédias como o colapso da Represa de Banqiao em 1975, que inundou pelo menos 5 milhões de casas e matou dezenas de milhares de pessoas. O resultado das políticas de Mao pode ser visto quando comparamos a economia chinesa com a de seus vizinhos. Durante o mandato de Mao, a renda real per capita em Hong Kong aumentou duas vezes mais rápido do que na China continental. A Coreia do Sul cresceu quatro vezes mais rápido do que a China. E o Japão cresceu cinco vezes mais rápido.[18]

Em Cuba, Fidel Castro liderou uma revolução em 1959 que derrubou o governo e estabeleceu uma ditadura comunista. O governo assumiu setores significativos da economia, desmantelou grandes propriedades e redistribuiu terras agrícolas entre os camponeses. Na década seguinte à Revolução Cubana, o padrão de vida estagnou. Castro e seus companheiros revolucionários sabiam pouco sobre economia. Segundo uma história (possivelmente questionável), em uma reunião da liderança tarde da noite, Castro olhou ao redor da sala e pediu "um bom economista" para se tornar presidente do Banco Nacional de Cuba. Um Che Guevara sonolento levantou a mão. Surpreso, Castro disse: "Che, não sabia que você era um bom economista". Guevara imediatamente se desculpou: "Ah, pensei que você tivesse pedido um bom comunista!"[19]

Na América Latina, alguns países começaram a se afastar do engajamento global. Na Argentina, o economista Raúl Prebisch defendia que a industrialização substituísse as importações, visto que os países de baixa renda buscavam construir um setor manufatureiro baseado em produtos para os quais havia uma considerável demanda doméstica. Embora a teoria de vantagens comparativas implique que os países devem se especializar, a substituição de importações sugere que eles poderiam se beneficiar da criação de uma base manufatureira diversificada. Muitos defensores da substituição de importações também apoiaram o aumento das tarifas para desencorajar as importações. Isso se revelou bastante prejudicial quando as tarifas foram impostas a mercadorias utilizadas para a produção, como soldadores a arco, tratores ou equipamentos de escritório. A substituição das importações pela industrialização não gerou os ganhos econômicos esperados e seria amplamente abandonada nas últimas décadas do século XX.

Na década após a Segunda Guerra Mundial, uma onda de nações declarou independência, incluindo Filipinas, Jordânia, Síria, Líbia, Camboja, Laos e Vietnã. A maior delas foi a Índia, que se afastou decisivamente do capitalismo. Um sistema de planejamento centralizado ineficiente, a corrupção desenfreada e a falta de comércio com o mundo contribuíram para o que foi apelidado de "a taxa de crescimento hindu". Jawaharlal Nehru, primeiro-ministro da Índia de 1947 a 1964, foi influenciado pelo que viu quando visitou a União Soviética e estava determinado que o governo regulasse intensamente a economia. Nehru iniciou uma série de "Planos Quinquenais", inspirados no sistema soviético. O "Raj das Licenças" da Índia significava que até 80 agências precisavam estar satisfeitas antes que uma empresa pudesse iniciar suas operações.[20] O governo indiano muitas vezes decidia o que era produzido e a que preço seria vendido. Essa abordagem restringiu a inovação e diminuiu a produtividade.

No entanto, ao contrário da China, a Índia não experimentou a fome em massa no período após a independência, em 1947. Uma teoria para isso foi desenvolvida pelo economista indiano Amartya Sen que, quando tinha 9 anos, testemunhou a Grande Fome de 1943 em Bengala, ajudando a distribuir arroz às vítimas de um desastre, que acabou matando cerca de 3 milhões de pessoas enquanto o país estava sob o domínio britânico. Sen argumentou que a fome em massa não diz respeito à produção de alimentos; ela também é ocasionada quando os governos redirecionam os alimentos necessários para outras áreas. É extremamente improvável que as democracias com liberdade de impressa sejam assoladas pela fome, concluiu ele. A abordagem de Sen enfatiza as capacidades humanas — a capacidade de agir em seu próprio interesse. Segundo ele, o desenvolvimento humano não se trata apenas da "liberdade a partir de" (a liberdade a partir de interferência de outrem), mas também da "liberdade para" (como a liberdade para obter uma educação ou para participar ativamente da democracia).

Sen influenciou significativamente o *Relatório de Desenvolvimento Humano* das Nações Unidas, que classifica os países em um conjunto mais amplo de indicadores do que a produção econômica. Em muitos casos, essas métricas andam juntas. Países mais democráticos tendem a desfrutar de taxas mais rápidas de crescimento econômico.[21] Nações com mais direitos para as pessoas LGBTIQA+ têm rendimentos mais altos e taxas maiores de bem-estar.[22] Países que incentivam as mulheres a participar plenamente da sociedade geralmente têm padrões de vida elevados.[23]

Cidadãos famintos esperando na fila de uma cozinha comunitária durante a Grande Fome de 1943, em Bengala.

O potencial dos mercados para impulsionar a prosperidade e a importância das capacidades para o desenvolvimento humano podem ser vistos nas trajetórias das Alemanhas Oriental e Ocidental e das Coreias do Norte e do Sul. Após quatro décadas de regime comunista, os padrões de vida na Alemanha Oriental encontravam-se em um nível três vezes inferior aos da Alemanha Ocidental.[24] Após quase 8 décadas de comunismo, o padrão de vida na Coreia do Norte é 23 vezes menor do que na Coreia do Sul capitalista.[25] Ambos os experimentos também mostram que o comunismo não incentiva o que Amartya Sen chama de capacidades humanas. Ao longo de sua fronteira comum, foi a nação comunista — não sua contraparte capitalista — que construiu um muro e ameaçou atirar em seus cidadãos se tentassem ir embora.

O final da década de 1970 foi um divisor de águas, pois muitas nações se abriram para os mercados. Para algumas, isso levou à questão de saber se o capitalismo havia ido longe demais. Para outras, a abertura aos mercados provou ser a diferença entre ter o suficiente para comer ou ir para a cama com fome todas as noites.

FAMINTOS POR MUDANÇAS

As piores fomes em massa da história assolaram a França entre 1693 e 1694, a Irlanda entre 1740 e 1741 e entre 1846 e 1852, a Finlândia em 1868, a União Soviética entre 1921 e 1922 e o Camboja entre 1975 e 1979.[26] Nesses episódios sombrios, mais de 5% da população pereceu. Países em desenvolvimento são os mais vulneráveis a essas tragédias, pois contam com menos recursos para enfrentar tempos difíceis. Não raramente, as fomes em massa são desencadeadas por escassez consecutiva de colheitas, geralmente causadas por eventos climáticos extremos. Contudo, a negligência governamental pode agravar a situação. Regimes totalitários são mais propensos a cometer erros políticos, ocultar a verdadeira extensão do desastre e recusar ajuda externa.

Quando a fome se abate, as pessoas morrem mais por doenças do que pela própria inanição. Aquelas com maior probabilidade de morrer são os mais pobres, as crianças pequenas e os idosos. Curiosamente, as mulheres têm menor probabilidade de morrer de fome do que os homens, provavelmente devido ao fato de que seus corpos têm uma proporção maior de gordura em relação aos músculos, comparado aos homens.

Bridget O'Donnell e dois dos seus filhos, que sofreram durante a Fome da Batata na Irlanda de 1846 a 1852, a qual ceifou 12% da população.

Com o tempo, a proporção de mortes por fome em massa diminuiu. Ainda assim, no século XX, elas ceifaram mais vidas do que as duas guerras mundiais juntas. Hoje, a drástica escassez de colheitas não precisa levar à fome. A Organização para Agricultura e Alimentação e o Programa Mundial de Alimentos, dois órgãos da ONU criados para prevenir fomes em massa, geralmente conseguem fornecer ajuda alimentar se tiverem permissão para entrar em um país. Atualmente, a ameaça da fome se origina mais do risco político do que do agrícola. Com bons governos, o mundo pode relegar a fome à história.

10

A ONIPRESENÇA DOS MERCADOS

Em 1978, na minúscula vila chinesa de Xiaogang, dezoito aldeões se reuniram para assinar um contrato clandestino que poderia ter lhes custado a vida. Assim como outras partes da China, Xiaogang havia sofrido tremendamente durante o Grande Salto Adiante. De uma população de 120 pessoas, mais da metade havia morrido entre 1958 e 1960.[1] Na década de 1970, a fome ainda assolava a região. As pessoas sabiam que a produção agrícola poderia ser maior, mas os incentivos do sistema coletivista a impediam de produzir mais.

Naquela época, tudo pertencia ao coletivo. Yen Jingchang, um dos signatários do contrato, resumiu a situação: "Trabalhando duro ou não, todos recebem o mesmo. Então, ninguém quer trabalhar".[2] O contrato, firmado em uma casa de chão batido e teto de palha, ia diretamente contra os ditames das autoridades comunistas. Nele, estava estabelecido que cada família teria o próprio lote de terra e permissão para ficar com parte da produção. O acordo era tão arriscado que os aldeões con-

Assim como a Revolução Russa provocou um declínio severo nos padrões de vida, para milhões de pessoas, as mudanças de 1978 fizeram a diferença entre passar fome e ter o suficiente para comer.

cordaram em cuidar dos filhos uns dos outros, caso alguém fosse preso ou executado. O documento, assinado à luz de uma lâmpada a óleo, foi escondido dentro de um pedaço de bambu no teto da casa de um dos aldeões, Yen Hongchang.

No entanto, não foi o documento que os entregou, mas, sim, o fato de que a produção dos lotes privados era muito maior. Antes, os agricultores só começavam a trabalhar nas fazendas coletivas ao som de um apito. Agora, alguns começavam a cuidar de suas fazendas particulares antes do nascer do Sol. No final daquele ano, a colheita da vila de Xiaogang fora maior do que a dos cinco anos anteriores juntos. Furiosas, as autoridades locais interrogaram Yen Hongchang, mas ele teve sorte. O novo presidente da China, Deng Xiaoping, gostou das ideias dele e incentivou outros aldeões a fazerem experimentos semelhantes. Em poucos anos, o segredo compartilhado por Xiaogang ajudou a China a sair da pobreza.

Nessa transição do coletivismo, a prática muitas vezes se antecipava às leis. Por exemplo, somente em 1988, a China legalizou empresas privadas com mais de sete funcionários.[3] No entanto, a transformação foi vertiginosa e suas implicações, profundas. Na década seguinte às reformas de 1978, cerca de 10 milhões de chineses — número equivalente à população atual da Suécia — saíram da pobreza a cada ano.[4]

As mudanças também serviram como um lembrete do princípio econômico de que as transformações sociais tendem a ser impulsionadas mais pela tecnologia e pelas políticas do que pelas normas sociais. Em nenhum lugar o impacto das políticas é mais evidente do que nas sociedades comunistas. Assim como a Revolução Russa provocou um declínio severo nos padrões de vida, para milhões de pessoas, as mudanças de 1978 fizeram a diferença entre passar fome e ter o suficiente para comer. Desde então, o crescimento econômico na China tem sido, em média, superior a 9% ao ano. O comércio tem sido um componente crucial desse crescimento, permitindo que os fabricantes chineses vendam para o mercado global.

Ao mesmo tempo em que a China aumentava sua presença no mercado, o Reino Unido e os Estados Unidos seguiam rumos semelhantes. A eleição de Margaret Thatcher em 1979 e de Ronald Reagan em 1980 levou a uma intervenção muito menor do Estado na economia. No Reino Unido, Thatcher privatizou a maioria dos serviços públicos que antes estavam sob controle estatal. Inquilinos de habitações populares receberam o direito de comprar seus imóveis — no caso de inquilinos de longa data, por metade do valor de mercado. Mais de um milhão de unidades habitacionais públicas foram privatizadas. A princípio, os índices de casa própria aumentaram, mas logo diminuíram à medida que muitos dos novos proprietários revendiam suas casas para locadores profissionais.

Nos Estados Unidos, durante os 8 anos de mandato de Reagan, a alíquota máxima de impostos individuais foi reduzida de 70% para 28%. Diante de uma greve de controladores de tráfego aéreo, Reagan demitiu mais de 10 mil trabalhadores e contratou substitutos não sindicalizados. Líderes empresariais seguiram seu exemplo. Nos anos seguintes, mineiros de cobre, empacotadores de carne, motoristas de ônibus e trabalhadores do setor de papel, todos em greve, perderam seus empregos.[5] O poder dos sindicatos começou a minguar. Reagan também reduziu a regulamentação governamental, flexibilizando os controles de preços da televisão a cabo, transporte marítimo, gás natural e serviços de transporte rodoviário interestadual.[6]

Um economista que assessorou tanto Thatcher quanto Reagan foi Milton Friedman, da Universidade de Chicago. Eloquentes e enérgicos, Milton e sua esposa, Rose Friedman, escreveram livros populares, como

Capitalismo e Liberdade e *Livre para Escolher*, criaram um documentário de dez episódios sobre economia, além de redigirem com frequência artigos para jornais. Como libertário, Friedman acreditava na primazia da liberdade, o que o levou a se opor ao serviço militar obrigatório, apoiar a legalização das drogas e defender o estado mínimo. Friedman criticava a alegação de que os subsídios do governo poderiam ajudar as economias a evitar a recessão. Em vez disso, ele propôs a hipótese da renda permanente, segundo a qual as famílias esperam que os gastos atuais do governo precisarão ser pagos por meio de futuros aumentos de impostos. Gastar é tributar, argumentava Friedman.

A hipótese da renda permanente é elegante, mas não descreve bem como as pessoas efetivamente se comportam. Seja porque as pessoas não são perfeitamente racionais ou porque acreditam que o incentivo do governo aumentará a base tributária, os gastos públicos podem impulsionar a atividade econômica como um todo. Na prática, as famílias não reduzem os gastos em antecipação a futuros impostos. Independentemente de suas convicções políticas, os governos não respondem às recessões criticando severa e moralmente as pessoas que gastaram mais do que podiam ou se endividaram em excesso. Ao contrário, eles adotam a abordagem keynesiana de fornecer estímulos fiscais oportunos, direcionados e temporários. Como observou o ex-banqueiro central Mark Carney: "Assim como não existem ateus em trincheiras, não existem libertários em crises financeiras".[7]

Friedman não foi o único economista influente da "Escola de Chicago" na década de 1980. Na política de concorrência, Robert Bork e Richard Posner defenderam uma abordagem mais flexível às fusões corporativas, conhecida como padrão de bem-estar do consumidor. Grande pode ser belo, afirmavam, ressaltando os casos em que empresas maiores fabricavam produtos de maneira mais eficiente. Durante a década de 1980, essa linha de pensamento se tornou cada vez mais predominante nos Estados Unidos e em todo o mundo. O importante, segundo a Escola de Chicago, não era se uma fusão ou uma política de preços prejudicava os concorrentes, mas se poderia comprovar que prejudicava os consumidores. No mandato de Reagan, as leis de concorrência foram restringidas e os bancos receberam liberdade para investir em uma gama mais ampla de ativos.

Ao longo da década de 1980, diversos países desenvolvidos buscaram enxugar o setor público, reduzindo impostos corporativos e individuais. Uma onda de privatizações assolou o mundo: governos na Europa, na Ásia e na América Latina venderam empresas estatais, como operadoras de telefonia, portos, rodovias com pedágios, empresas de energia e ferrovias.[8] Na época, muitos economistas acreditavam que essas empresas operariam com mais eficiência sendo propriedades privadas, sujeitas aos rigores do mercado e à pressão da concorrência.

Na prática, a privatização parece ter sido superestimada. Em muitos casos, os ativos privatizados eram monopólios naturais, cuja posição dominante os tornava imunes à ameaça de concorrentes. Quem quiser concorrer contra um monopólio ferroviário privatizado pode ter que investir milhões em novos trilhos e trens — algo que, provavelmente, afugentaria a maioria dos novos concorrentes. Vender um monopólio ferroviário pode engordar os cofres públicos, mas, se isso fizer com que o preço das passagens de trem nas próximas décadas aumente, é um péssimo negócio.

Nas escolas de negócios, futuros CEOs aprendem sobre as "cinco forças" de Michael Porter, que determinam se uma empresa pode desfrutar de lucros astronomicamente altos.[9] Setores recebem grande apoio

Quem quiser concorrer contra um monopólio ferroviário privatizado pode ter que investir milhões em novos trilhos e trens — algo que, provavelmente, afugentaria a maioria dos novos concorrentes.

de gerentes e investidores quando não há concorrência, quando novos concorrentes em potencial enfrentam barreiras, quando fornecedores têm pouco poder de barganha, quando clientes têm poucas alternativas e quando não há ameaça de produtos substitutos.

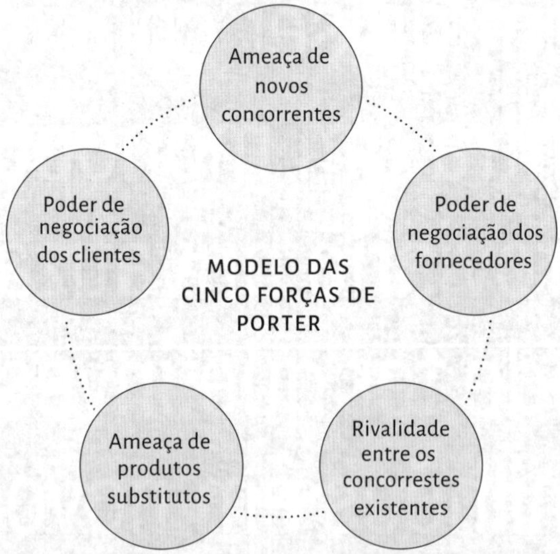

Mas, ainda que sejam boas para os lucros, as cinco forças são ruins para os consumidores. Em geral, a política de concorrência segue na direção oposta — impulsionando a concorrência, incentivando novos concorrentes e garantindo que os monopolistas não abusem de seu poder nas relações com fornecedores e clientes. Privatizações imediatistas — como o exemplo ferroviário citado anteriormente — costumam gerar um alto preço de venda inicial, mas, na prática, impuseram um imposto de longo prazo aos consumidores, que acabaram pagando mais à concessionária privatizada. Os economistas contemporâneos tendem a ser mais céticos em relação às privatizações que poderiam consolidar um fornecedor monopolista.

O VALOR DA BELEZA

"A beleza pessoal", já dizia Aristóteles, "é uma recomendação melhor do que qualquer carta de referência". A economia da beleza explora a relação entre atratividade e renda. Isso é possível porque, embora a beleza esteja nos olhos de quem vê, as pessoas a percebem de maneira semelhante. Ao pedir que diferentes avaliadores classifiquem a atratividade de alguém, as respostas costumam ser comparáveis.

Ao processar dados de diversas pesquisas que incluem avaliações de atratividade e medidas de renda, o economista Dan Hamermesh estima que os trabalhadores mais atraentes ganham cerca de 10% a mais do que os menos atraentes.[10] Em países desenvolvidos, isso pode representar centenas de milhares de dólares ao longo da carreira. Em geral, a relação entre atratividade e salários é mais forte para os homens do que para as mulheres. O efeito da beleza persiste mesmo em atividades profissionais com pouca interação com o cliente, sugerindo que a discriminação do empregador contra pessoas menos atraentes pode estar em jogo. O fenômeno foi chamado de "lookismo", mas poucos lugares proíbem a discriminação com base na aparência física.

Os bebês encaram por mais tempo rostos bonitos.

Pessoas bonitas também se beneficiam de outras maneiras. Pessoas atraentes têm mais chances de obter empréstimos, candidatos políticos atraentes têm mais chances de serem eleitos, réus criminais atraentes têm maior probabilidade de serem absolvidos, alunos atraentes recebem notas mais altas em suas apresentações e professores atraentes — até mesmo professores de economia — recebem melhores avaliações de ensino. Até os bebês encaram por mais tempo rostos atraentes.

Mas não se preocupe se você não for deslumbrante. Aqueles que não são convencionalmente belos devem se lembrar da teoria da vantagem comparativa e focar seus outros pontos fortes, como inteligência, força física e personalidade.

11

METAS PARA INFLAÇÃO E DESIGUALDADE

AO LONGO DA DÉCADA DE 1980, OS FORMULADORES DE POLÍTICAS ECONÔmicas fizeram progressos constantes na redução da inflação. Já testemunhamos a inflação em sua forma mais insidiosa: a hiperinflação. Assim como a Alemanha após a Primeira Guerra Mundial, a Hungria sofreu as consequências de um período brutal de hiperinflação após a Segunda Guerra Mundial. Em determinado momento, a inflação anual na Hungria atingiu 419.000.000.000.000.000%, e o governo emitiu uma nota de 100 quintilhões ("1" seguido de vinte zeros).[1] Em 1989, com os preços dobrando a cada mês, o governo da Argentina anunciou que o país havia acabado com o estoque de papel-moeda. Ficou literalmente sem papel. No governo de Robert Mugabe, a hiperinflação do Zimbábue chegou a um ponto em que os preços dobravam todos os dias. Certa vez, os caixas eletrônicos de um grande banco do Zimbábue apresentaram um "erro de *data overflow*" porque não conseguiam lidar com a quantidade de zeros quando as pessoas sacavam dinheiro.[2]

O risco de hiperinflação estimulou a adoção do padrão-ouro, que atrelava o valor de uma moeda ao metal precioso. Na prática, isso se mostrou ineficiente. Não havia razão para se esperar que o ritmo da mineração mundial de ouro correspondesse à taxa de crescimento econômico dos países que usavam o padrão-ouro. Se os mineradores encontrassem um vasto depósito de ouro, será que desejaríamos que isso reduzisse o valor do dinheiro? O fim do padrão-ouro no início da década de 1970 significou que os países poderiam aumentar a oferta monetária de acordo com o crescimento da população e dos padrões de vida. As principais economias também começaram a desvincular suas moedas umas das outras, deixando de lado as taxas de câmbio fixas em favor das taxas de câmbio "flutuantes", definidas pela oferta e demanda de sua moeda.

Mas, na época em que os bancos centrais estavam sendo controlados por políticos, os fatores econômicos não eram a única consideração na gestão da inflação. Os governos se envolviam em práticas tentadoras: manipular um boom pré-eleitoral que, muitas vezes, era seguido por uma crise econômica pós-eleitoral. Por mais que isso ajudasse os políticos a manter os próprios empregos, muitos trabalhadores comuns ficavam desempregados devido à recessão que tendia a ocorrer após a eleição. O problema é tão flagrante que podemos identificar os anos eleitorais nos gráficos econômicos. Nas décadas do pós-guerra, as taxas de crescimento econômico nos Estados Unidos tenderam a ser menores no ano após a eleição do que no próprio ano eleitoral. Na Europa, podemos observar uma padrão semelhante.

Às vezes, a ingerência política na definição da taxa de juros era direta, mas também podia ser secreta. Diante do aumento da inflação em 1972, o presidente dos EUA, Richard Nixon, temia que o Federal Reserve desacelerasse a economia aumentando as taxas de juros. Em uma tentativa de coagir o banco central, Nixon divulgou a mentira de que o presidente do Federal Reserve, Arthur Burns, estava exigindo um aumento salarial de 50%.[3]

A exposição do "ciclo de negócios políticos" resultou em novos desdobramentos. A política fiscal ainda seria controlada por políticos eleitos, mas a política monetária seria conduzida de maneira independente por bancos centrais. Em todo o mundo desenvolvido, a década de 1980 testemunhou um aumento constante no grau de independência dos banqueiros centrais. Pouco a pouco, em nações de alta renda, os banqueiros centrais, que antes tinham a autonomia de servidores públicos comuns, passaram a ter quase o tipo de independência desfrutada pelos juízes.

Os banqueiros centrais não apenas se tornaram cada vez mais independentes, como também começaram a mirar diretamente a inflação. Nas décadas de 1970 e 1980, os bancos centrais tinham como alvo métricas intermediárias — como a quantidade de dinheiro ou crédito —, mas havia um reconhecimento crescente de que a relação entre a inflação e a oferta monetária poderia ser elástica. Como disse um banqueiro central frustrado: "Não abandonamos os agregados monetários, eles nos abandonaram".[4]

A partir de 1990, o governo da Nova Zelândia exigiu que seu banco central mantivesse a inflação entre 0 e 2%, tornando-se o primeiro país a pedir a seu banco central que se concentrasse explicitamente na inflação. Após diversos anos de inflação anual de dois dígitos, a Nova Zelândia buscou acabar com a volatilidade incontrolável dos preços.

Mais do que depressa, outros países fizeram a mesma coisa: Canadá, em 1991; Reino Unido, em 1992; Austrália, em 1993. Atualmente, a maioria dos bancos centrais adotou metas para inflação, normalmente em

Assim como a inflação alta pode causar instabilidade, a deflação é um problema porque pode paralisar os gastos, já que as famílias postergam grandes compras na expectativa de comprar produtos mais baratos no ano seguinte.

torno de 2% — nível que se acredita manter os preços estáveis, evitando a deflação. Assim como a inflação alta pode causar instabilidade, a deflação é um problema porque pode paralisar os gastos, já que as famílias postergam grandes compras na expectativa de comprar produtos mais baratos no ano seguinte. Na prática, os bancos centrais controlam as taxas de juros de curto prazo, influenciando, assim, as taxas de longo prazo cobradas pelos bancos comerciais em empréstimos às empresas e às famílias.

Mas por que a taxa de juros exerce um efeito tão grande na economia? Podemos considerar a taxa de juros como um reflexo do "preço" de consumir hoje em vez de amanhã. Quando as taxas de juros são baixas, empresas e pessoas se sentem incentivadas a antecipar seus planos. Abrir um novo escritório ou comprar uma casa? Taxas de juros baixas podem mudar o equilíbrio dessa balança. Por outro lado, taxas de juros mais altas tornam os empréstimos menos atraentes, reduzindo a atividade econômica ao encorajar a gratificação adiada. Para o banco central, taxas de juros são como o freio e o acelerador de um carro — pise no pedal correto no momento certo e você chegará ao seu destino sem problemas.

Alguns bancos centrais visam apenas à inflação, enquanto outros têm dupla função, concentrando-se em fatores adicionais, como o desemprego. Na prática, essa diferença pode ser menor do que parece. Graças ao trabalho de Bill Phillips — o homem que criou um modelo hidráulico da economia —, sabemos que, a curto prazo, existe uma forte relação entre inflação e desemprego. Assim, um banco central que foque a inflação invariavelmente afetará o emprego e o crescimento também. O objetivo é manter a economia em um "estado Goldilocks" — nem em expansão desenfreada, nem em retração.

A meta para a inflação e a independência do banco central foram um sucesso? Em termos de inflação, sim. Após as crises do petróleo da década de 1970, a inflação anual nos Estados Unidos foi superior a 6% por 10 anos, chegando a 14% em 1980.[5] Ao longo das décadas de 1990 e 2000, a inflação permaneceu baixa. Uma história semelhante ocorreu no Reino Unido e no Japão: a inflação ultrapassou 20% na década de 1970, antes de ser reduzida a um nível baixo e estável nas décadas de 1990 e 2000.

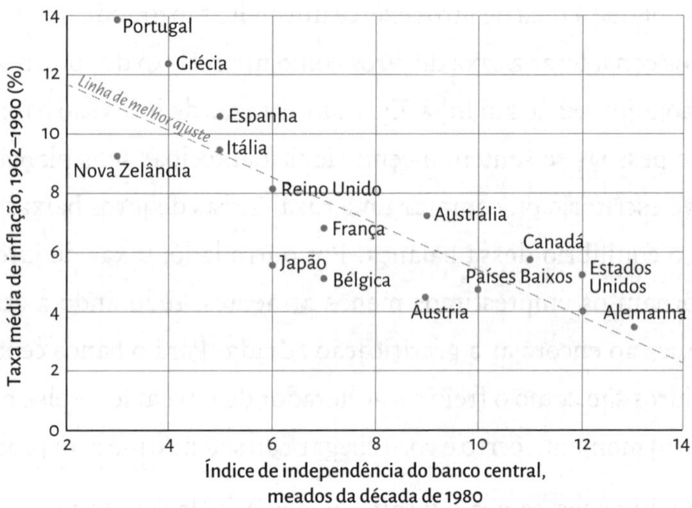

Inflação e independência do banco central em países desenvolvidos.

Para os banqueiros centrais, o desafio é que as taxas de juros afetam o comportamento futuro, de modo que a política monetária sempre será moldada por seu melhor palpite do que está prestes a acontecer. Como o chefe do Federal Reserve dos EUA disse uma vez, o objetivo é tirar a tigela de ponche no momento em que a festa está ficando animada.[6] Conforme veremos, as primeiras décadas do século XXI representaram novos desafios para os banqueiros centrais enquanto tentavam acertar o equilíbrio.

Enquanto a Nova Zelândia era pioneira na meta para a inflação, a Índia se preparava para implementar algumas das reformas mais significativas de sua história — mudanças que afetaram diretamente o equilíbrio entre governo e mercado. Em 1991, o ministro das Finanças da Índia, Manmohan Singh, apresentou ao parlamento um orçamento que abolia a maior parte do "Raj das Licenças" — o sistema que ditava o que as empresas podiam produzir. A rúpia foi desvalorizada, beneficiando os exportadores, e alguns setores foram abertos ao investimento estrangeiro. O estímulo para a reforma foi uma crise cambial. A Índia mal tinha moeda estrangeira suficiente para 15 dias e acabara de enviar 47 toneladas de ouro para Londres como garantia de um empréstimo emergencial.[7] As mudanças, argumentou Singh, assinalariam o surgimento da Índia como uma "grande potência econômica no mundo".

Assim como a revogação das Corn Laws na Grã-Bretanha em 1846, e a transição da China para a propriedade privada em 1978, as reformas indianas de 1991 impactaram tremendamente a economia. O crescimento econômico se intensificou e o setor privado cresceu em ritmo acelerado. O Grupo Tata, o maior conglomerado multinacional da Índia, expandiu suas operações setoriais, desde a produção de produtos químicos até serviços de consultoria. Em uma evidente reviravolta colonialista, o Tata comprou a maior fabricante de chá do Reino Unido, a Tetley, e a icônica marca britânica de carros, a Jaguar. No entanto, a história das reformas indianas também é um lembrete do risco de concentração de médias. Na época pré-reforma, o aumento da renda indiana foi maior para os 50% mais pobres do que para o 1% mais rico. No período pós-reforma, a renda indiana aumentou substancialmente mais rápido para o 1% mais rico do que para os 50% mais pobres.[8]

A Índia representa um ambiente mais desafiador para novos empreendedores do que muitas outras nações de baixa renda. Em 2020, o Banco Mundial estimou que abrir um negócio na Índia requer passar por um processo burocrático com dez etapas, demora dezessete dias e custa quase o salário médio de um mês.[9] No outro extremo, para abrir um negócio na Geórgia, nação do Leste Europeu, basta realizar um procedimento, que demora um dia e custa o equivalente ao salário médio de uma semana.

Na segunda metade do século XX, o volume do comércio cresceu mais rápido do que a produção econômica global, retratando a crescente integração econômica. Mas essa tendência se acelerou de 1985 a 1995 — período que um historiador sobre comércio chamou de década em que "o mundo mudou".[10] Alguns países se tornaram mais abertos porque haviam esgotado suas reservas de moeda estrangeira. Outras nações foram persuadidas por instituições globais, como o Banco Mundial e o Fundo Monetário Internacional, de que o comércio impulsionaria a prosperidade. A onda de democratização que varreu o mundo durante essa década também pendeu a política para tarifas menores e para o fim da proteção a empresas clientelistas.

Em 1994, a Organização Mundial do Comércio finalmente foi criada. Meio século antes, Bretton Woods havia contemplado a criação de uma "Organização Internacional do Comércio", mas o Senado dos EUA rejeitou a proposta, forçando o mundo a confiar no Acordo Geral sobre Tarifas e Comércio. No entanto, apesar do nome pouco elegante, a instituição supervisionou uma redução na tarifa média mundial de 22%, em 1947, para 3% atualmente.[11]

Outro estímulo ao comércio foi a decisão de onze países europeus de alta renda de adotar uma moeda comum, o euro. A partir de 1999, o euro facilitou o comércio entre as pessoas e as viagens. A desvantagem foi que os países participantes perderam a flexibilidade de desvalorizar sua moeda em uma crise. Esse perigo se tornou evidente uma década depois, quando a crise da dívida europeia causou uma profunda recessão na Grécia.

O comércio foi imprescindível para a trajetória econômica das nações asiáticas. Quatro economias "tigre" (Coreia, Taiwan, Hong Kong e Cingapura) adotaram com sucesso uma abordagem de crescimento econômico voltada à exportação, desfrutando de ganhos rápidos na renda média entre a década de 1960 e a década de 1980. Na década de 1980, a China negociou acordos de nação mais favorecida com os Estados Unidos e a União Europeia, garantindo que as tarifas sobre suas exportações não seriam maiores do que as aplicadas a outros parceiros comerciais. Em 2001, a China ingressou na Organização Mundial do Comércio.

Outras nações asiáticas seguiram um caminho parecido. Na década de 1990, analistas começaram a falar sobre cinco economias, os Novos Tigres Asiáticos: Indonésia, Malásia, Filipinas, Tailândia e Vietnã. Com um setor manufatureiro orientado à exportação, ao longo de duas gerações, o investimento estrangeiro e os ganhos em educação contribuíram com a ascensão desses países de baixa renda: eles passaram a ser países de renda média. Podemos observar esse efeito comparando economias mais abertas com economias mais fechadas da América Latina (como o Brasil e a Argentina). Em meados do século XX, os padrões de vida do Leste Asiático eram menos da metade do nível da América Latina. No final do século, essa lacuna estava quase fechada.[12]

A mudança do poder financeiro em direção à Ásia foi ressaltada quando um trader de opções de Cingapura provocou a falência do Barings, o banco mercantil mais antigo de Londres. Nick Leeson, de 28 anos, estava negociando derivativos — instrumentos financeiros que derivam seu valor de outro ativo. Os derivativos mais simples são os futuros agrícolas. Suponha que uma produtora de trigo esteja preocupada com as mudanças no preço do trigo entre hoje e o dia da colheita. O mercado de futuros possibilita que ela venda sua safra pelo preço de hoje para entregar no futuro. Outra forma de derivativo é uma opção de compra ou de venda a determinado preço, que pode ser usada para transferir o risco.

No entanto, assim como o seguro transfere o risco do cliente para a seguradora, os derivativos envolvem a transferência do risco para outro trader. As primeiras negociações de Leeson para o Barings correram bem, representando em um ano um décimo dos lucros da empresa, mas, quando ele teve problemas, criou uma "conta de erro" para esconder suas perdas da equipe de gerenciamento. Em 1995, Leeson fez uma negociação que equivalia a uma aposta de que o mercado japonês de ações não entraria em colapso. Quando o terremoto de Kobe aconteceu, ele perdeu a aposta. O problema foi agravado pelos perigos da negociação de derivativos. Quando você tem ações, o pior que pode acontecer é o valor delas chegar a zero. Por outro lado, quando você tem certos derivativos, suas perdas são ilimitadas. O Barings perdeu mais de US$1 bilhão. O banco faliu, e Leeson foi preso. Após uma geração, os derivativos continuam a ser analisados pelos órgãos de regulamentação. Os derivativos podem reduzir o risco para os traders individuais, mas também podem tornar todo o sistema financeiro mais volátil.

Apesar da volatilidade dos mercados financeiros, para muitas pessoas na Ásia, a história da década de 1990 representou uma crescente prosperidade. Explicar o desenvolvimento econômico é o principal objetivo da economia, e alguém que forneceu percepções novas sobre como os países pobres se tornam ricos tem uma das histórias de vida mais incomuns do que qualquer outro economista.

Aos 26 anos, Justin Yifu Lin servia no exército taiwanês como comandante de companhia, na Ilha Kinmen de Taiwan, a poucos quilômetros da China continental. Ele disse a seus homens que haveria um exercício militar naquela noite e que, se vissem alguém na água, não deveriam atirar. Então, após escurecer, ele entrou na água e nadou até o continente chinês, desertando para o regime comunista. No ano seguinte, quando era aluno de economia na Universidade de Pequim, ele teve outro golpe de sorte. O economista Theodore Schultz, ganhador do Prêmio Nobel, estava em visita à China, e Lin atuou como seu intérprete. Schultz ficou tão impressionado com o jovem que conseguiu uma bolsa de estudos integral para ele concluir seu doutorado na Universidade de Chicago. Então, Lin teve uma carreira de sucesso como pesquisador.

A teoria de Lin, elencada em diversos livros, artigos e discursos durante o tempo que exerceu o cargo de economista-chefe do Banco Mundial, é que os países de baixa renda que se saíram melhor na era do pós-guerra não só compartilharam uma orientação de mercado, políticas macroeconômicas estáveis e uma abertura econômica, como também foram guiados por um estado proativo.[13] Os governos desses países identificaram setores de negócios que consideravam ter uma vantagem comparativa e os auxiliaram, estabelecendo zonas econômicas especiais, investindo em infraestrutura e promovendo o investimento estrangeiro.

Enquanto a abordagem latino-americana de Raúl Prebisch aconselhava os países a se isolarem da concorrência estrangeira, a estratégia de Lin para o Leste Asiático sugeria que os países apoiassem as principais indústrias de exportação, financiando pesquisas e construindo infraestrutura. No entanto, até mesmo essa abordagem é arriscada, já que os governos podem escolher o setor errado ou descobrir que uma política temporária se tornou permanente. Não raro, conforme observam os críticos, o apoio à "indústria nascente" se perpetua mesmo para indústrias que já estão bem estabelecidas.

Mesmo em nações mais orientadas ao mercado, os governos têm desempenhado um papel crucial quanto estímulo ao desenvolvimento tecnológico.[14] Mariana Mazzucato, da University College London, ressalta que grandes avanços tecnológicos geralmente ocorrem quando os governos investem em "missões" tecnológicas — como a viagem à Lua ou o desenvolvimento da internet. O "estado empreendedor" tem sido a força motriz, respaldando inovações que, muitas vezes, são erroneamente atribuídas ao setor privado.

A disseminação vertiginosa da tecnologia tem sido um dos principais motivos pelos quais a população mundial e a expectativa de vida continuaram a aumentar. Em 1798, o clérigo Thomas Malthus argumentou que o fornecimento de alimentos não poderia superar o crescimento populacional e que a fome em grande escala e a morte da população eram inevitáveis. Em 1968, os biólogos Anne e Paul Ehrlich declararam que "a batalha para alimentar toda a humanidade acabou". Segundo o prognóstico deles, "na década de 1970, o mundo passará por fomes — centenas de milhões de pessoas morrerão de fome". Os Ehrlichs, de maneira insensível, aconselharam o fim de toda a ajuda alimentar à Índia, uma nação que estava "tão atrasada na questão população-comida que não há esperança de que nossa ajuda alimentar os leve à autossuficiência".

Atualmente, a população da Índia é duas vezes maior do que era quando os Ehrlichs escreveram seu livro. A desnutrição e a mortalidade infantil diminuíram, enquanto a expectativa de vida e a altura média aumentaram. A taxa de fertilidade da Índia ficou abaixo da "taxa de reposição" de 2,1 nascimentos por mulher — nível em que se espera que a população se sustente.[15] Segundo as projeções atuais, a taxa de fertilidade global ficará abaixo da taxa de reposição em aproximadamente uma geração: a população mundial atingirá o pico de cerca de 10 bilhões de pessoas e, então, começará a diminuir.[16]

Por que Malthus e os Ehrlichs estavam errados? Um dos principais motivos é que a inovação desmascarou os pessimistas. O arame farpado possibilitou a contenção de animais de grande porte a baixo custo, facilitando a criação de gado e ovelhas em larga escala. Os tratores possibilitaram o cultivo em áreas mais extensas, poupando aos agricultores inúmeras horas de trabalho. O processo Haber-Bosch possibilitou a conversão de nitrogênio atmosférico em fertilizante à base de amônia. Em vez de extrair guano de ilhas tropicais, o fertilizante é produzido industrialmente, com uma produção global que ultrapassa 200 milhões de toneladas por ano. Metade do nitrogênio em seu corpo neste exato momento foi criado por meio do processo Haber-Bosch.[17]

Uma inovação crucial na "revolução verde" da década de 1960 foi o cultivo de trigo semi-anão resistente a doenças, capaz de produzir quase o dobro do trigo comum. Norman Borlaug, o pioneiro a introduzir esse tipo de cultivo na Índia, no Paquistão e no México, é reconhecido por ter salvo mais de um bilhão de vidas. Mais recentemente, as culturas geneticamente modificadas possibilitaram aos agricultores aumentar a produção e reduzir o uso de pesticidas.

Nos dias atuais, mais de um décimo das terras cultiváveis do mundo é geneticamente modificada. A diminuição do uso de pesticidas — em parte, incentivada pelo livro *Primavera Silenciosa*, de Rachel Carson — tem sido bom para o meio ambiente. Contribuiu, também, para a queda de envenenamentos por pesticidas e suicídios de agricultores.[18] Hoje, os pesquisadores estão explorando uma série de possíveis modificações genéticas, incluindo vegetais enriquecidos com vitaminas, e plantas que realizam a fotossíntese de modo mais eficiente.

Na medicina, os antibióticos modernos transformaram a maneira como os médicos tratam as infecções bacterianas. Há um século, o filho do presidente dos EUA, Calvin Coolidge, morreu por causa de uma bolha infeccionada no dedo do pé após jogar uma partida de tênis. Poucos anos depois, a penicilina foi descoberta por Alexander Fleming. Na época do desembarque do Dia D, milhões de doses de penicilina estavam prontas para ser dadas às tropas aliadas. No pós-guerra, a penicilina foi disponibilizada para uso civil. Hoje, os antibióticos são usados (e usados em excesso) na medicina e na agricultura. Vacinas contra tuberculose, tétano, poliomielite, hepatite B, sarampo, gripe, pneumonia e Covid salvaram milhões de vidas.

Os economistas também foram determinantes para expandir a adoção de tratamentos eficazes. Na década de 1990, especialistas discordavam se as redes mosquiteiras contra a malária deveriam ser vendidas ou distribuídas gratuitamente. Alguns argumentavam que os aldeões que recebessem uma rede mosquiteira de graça não a valorizariam tanto e poderiam optar por usá-la como rede de pesca ineficiente, em vez de uma proteção vital para si e para seus filhos. Para resolver a questão, os pesquisadores realizaram uma série de estudos randomizados em larga escala: alguns beneficiários receberam redes mosquiteiras gratuitas, enquanto outros tiveram a chance de comprá-las a um preço subsidiado.

Descobriu-se que as redes mosquiteiras gratuitas tiveram uma taxa de aceitação bem maior e eram igualmente propensas a serem usadas para o propósito pretendido.[19] Como resultado, as agências doadoras passaram a fornecer redes mosquiteiras gratuitamente. Liderados por

Esther Duflo, Abhijit Banerjee, Michael Kremer e Dean Karlan, os estudos randomizados se tornaram onipresentes na economia do desenvolvimento. A força da randomização é fornecer um meio poderoso de identificar efeitos causais.

É fácil ignorar o enorme aumento da população global e da expectativa de vida que foi facilitado pela inovação nos setores de saúde e agricultura. Desde 1800, a população mundial aumentou de 1 bilhão para 8 bilhões de pessoas. Naquela época, nenhum país tinha uma expectativa de vida média acima de 40 anos. Hoje, todas as nações têm uma expectativa média de vida acima de 40 anos. A expectativa de vida média global, que era inferior a 30 anos em 1800, ultrapassa os 70 anos atualmente.

Da perspectiva econômica, esse aumento na expectativa de vida pode ser ainda mais significativo do que o aumento da renda média. Suponha que você pudesse escolher entre viver de maneira saudável pelo dobro do tempo ou ter o dobro de sua renda — qual você escolheria? Eu optaria pela longevidade, e sei que muitos amigos também. Isso serve, ainda, como um lembrete de que é o bem-estar, e não a renda, que está no cerne da economia. Como observa o economista australiano Justin Wolfers, a economia não se resume a dinheiro, assim como a arquitetura não se limita a centímetros. Apesar de ser uma ferramenta útil de medição, quando se trata de comparar custos e benefícios, o dinheiro não é o objetivo final.

Nada disso sugere que o progresso tecnológico e o acesso aos mercados globais tenham resolvido todos os problemas do mundo. Aparentemente, muitas nações estão presas à "armadilha da renda média" — incapazes de fazerem a transição para o status de alta renda. Os países que completaram essa transição — como Japão, Cingapura e Coreia do Sul — são exceções à regra. No final de 2020, 719 milhões de pessoas viviam em extrema pobreza — definida como viver com menos de US$2,15 por dia. A maioria dessas pessoas vive na África Subsaariana.

Na maioria dos países ao redor do mundo, a desigualdade aumentou na última geração. Em alguns países, os ricos não apenas se distanciaram do restante da população, como os pobres se tornaram mais pobres. Após a dissolução da União Soviética, o alcoolismo aumentou, as taxas de mortalidade subiram e os oligarcas prosperaram. A metade mais pobre da população russa tem rendimentos reais cerca de 25% abaixo do que tinha em 1980.[20] Desde o fim do comunismo, em 1989, 99% do crescimento da Rússia beneficiou apenas o décimo mais rico da população. A Rússia de Putin é provavelmente mais desigual do que a nação governada pelo czar Nicolau II.

Uma forma de visualizar a distribuição do crescimento global é o que ficou conhecido como "a curva do elefante". Esse gráfico, originalmente criado pelo economista sérvio Branko Milanović e atualizado por outros pesquisadores, descreve as taxas de crescimento experimentadas em toda a distribuição de renda mundial de 1980 a 2016: à esquerda, figuram as pessoas mais pobres; à direita, estão as mais ricas; e, no centro, está a classe média global.

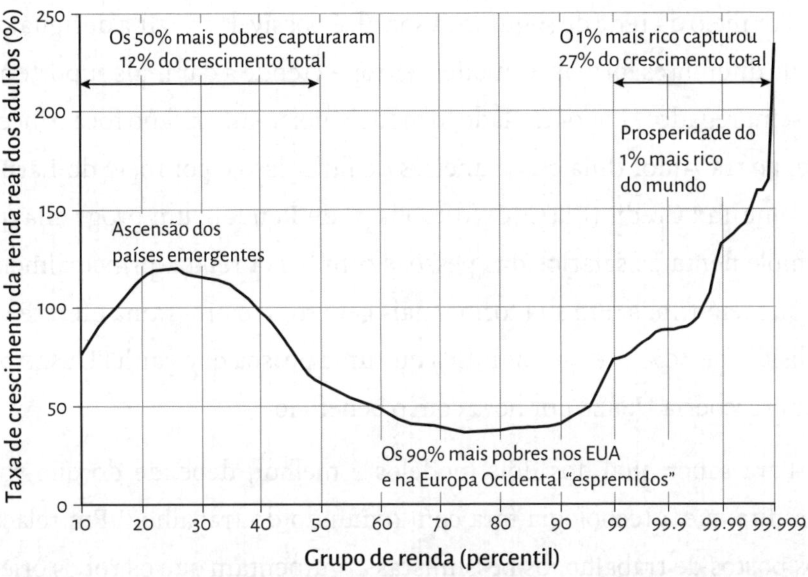

Crescimento total da renda por percentil em todo o mundo, 1980-2016.

Se você estreitar os olhos, talvez consiga discernir a forma de um elefante: crescimento lento na base (a cauda), crescimento mais rápido entre aqueles que figuram no 20º e no 30º percentis (o dorso), depois um crescimento fraco em relação à classe média alta (a curva descendente da tromba) e um crescimento espetacular entre aqueles com rendas mais altas (a ponta da tromba). O forte crescimento econômico em economias emergentes forma uma protuberância pronunciada. A classe média espremida entre as nações desenvolvidas traça a parte inferior da tromba. E a crescente prosperidade da elite global gera a tromba esticada, apontando para o céu.

Em geral, os países tendem a ser mais igualitários se a educação acompanhar o ritmo dos avanços tecnológicos, se os sindicatos forem fortes e se os impostos forem progressivos. A igualdade também melhora se a taxa de crescimento econômico (g) acompanhar a taxa de retorno do capital (r).

Por meio da rede de segurança social, é possível reduzir a desigualdade de diferentes formas. O modelo europeu tende a dar mais suporte aos desempregados. Por outro lado, o modelo norte-americano foca o incentivo ao trabalho. Uma das maneiras de fazer isso é por meio do Earned Income Tax Credit (EITC [Crédito Fiscal de Renda]), um programa que complementa os salários das pessoas com baixa renda, principalmente as que têm filhos. Em sua forma mais generosa, o programa oferece um subsídio de 40% — o que significa que uma pessoa que ganha US$20 por hora receberia US$28 por hora com o benefício.

Para saber qual dos dois modelos é melhor, depende do que você acredita que a tecnologia fará com o mundo do trabalho.[21] Em relação aos postos de trabalho, os pessimistas argumentam que os robôs orientados por inteligência artificial estão ficando cada vez mais inteligentes e logo serão capazes de fazer todas as tarefas imagináveis — portanto, é melhor nos prepararmos para um mundo sem trabalho. Já os otimistas ressaltam que esse tipo de argumento acompanha diversas ondas tecnológicas anteriores, desde máquinas de tricô mecânicas até computadores de mesa, e os postos de trabalho continuam existindo. Como um otimista nato, minha propensão é por políticas que incentivem o trabalho. Para muitos de nós, um emprego não é somente uma fonte de renda, é também uma fonte de significado e de identidade. Pessoas que perdem o emprego ficam menos felizes, pois isso vai além do salário. Ainda é cedo para abrirmos mão do universo do trabalho.

A assistência médica é outra área em que o modelo norte-americano difere acentuadamente do modelo europeu. Para refletir sobre isso, usamos a analogia "triângulo de ferro da assistência médica", que postula que os sistemas de saúde enfrentam prós e contras, relacionados ao custo, à qualidade e ao acesso.[22] Por mais que forneçam assistência médica aos sortudos que têm cobertura, os Estados Unidos gastam mais com saúde do que qualquer outra nação desenvolvida, mesmo que isso signifique que nem todas as pessoas desfrutem dessa assistência. Os sistemas europeus têm menor probabilidade de oferecer aos pacientes os tratamentos mais recentes, mas tendem a ser mais acessíveis.

A economia da assistência médica nos lembra de que algumas inovações tecnológicas justificam gastos adicionais com saúde.[23] Os medicamentos betabloqueadores reduziram a incidência de ataques cardíacos, e o aumento de cirurgias para tratar ataques cardíacos aumentou substancialmente as chances de pacientes sobreviverem. Os ventiladores especiais e os tratamentos de surfactantes artificiais, que melhoram o desenvolvimento pulmonar, aumentaram as chances de bebês com baixo peso ao nascer terem um crescimento saudável. A cirurgia de catarata passou de um procedimento um pouco complexo, que envolvia uma internação hospitalar de três noites e complicações frequentes, para um procedimento ambulatorial que leva menos de meia hora.

Cada uma dessas inovações tecnológicas proporcionou aumento na expectativa de vida saudável, justificando o investimento. No entanto, quando se trata de uma técnica chamada fusão espinhal, relacionada à dor nas costas, temos poucas evidências de que os pacientes estejam mais saudáveis. Com o advento da medicina personalizada e da cirurgia robótica, o triângulo de ferro da assistência médica será posto cada vez mais à prova. As escolhas dos países impactarão o crescimento e a desigualdade.

A disparidade de riqueza em São Paulo: piscinas ao lado de favelas.

Os países mais desiguais costumam investir pouco em serviços públicos, fenômeno que o economista John Kenneth Galbraith certa vez chamou de "opulência privada e miséria pública".[24] Em São Paulo, as favelas assoladas pelo crime podem ser facilmente vistas das sacadas dos apartamentos de luxo que margeiam a favela de Paraisópolis. Na Cidade do Cabo, aqueles que vivem nas mansões da cidade usam geradores privados, transporte privado, educação privada e segurança privada, enquanto aqueles que vivem em barracos precisam sobreviver com energia intermitente, trens não confiáveis, escolas precárias e uma taxa anual de homicídios que vitima uma pessoa a cada 1.500 habitantes. Em Delhi, as famílias mais abastadas ostentam séquito de empregados, enquanto a poluição do ar está entre as piores do mundo.

A ECONOMIA DO ESPORTE

O esporte representa menos de 1% da economia global, mas pode ser considerado um microcosmo para entender o comportamento econômico de maneira mais ampla.[25] A disciplina remonta à análise do mercado de trabalho do beisebol na década de 1950, mas gerou interesse acadêmico por volta da virada do milênio, marcada pela criação do *Journal of Sports Economics* em 2000.

A estrutura do mercado é importante. O problema do poder de monopólio é ainda maior no esporte do que na economia regular. Poucos fãs querem testemunhar uma vitória fácil. A fim de manter o "equilíbrio competitivo", muitos códigos esportivos dividem receitas, limitam salários e preferem times que tiverem pior desempenho na temporada anterior ao selecionar jogadores para a próxima temporada.

O esporte é uma espécie de laboratório para estudar como julgamentos precipitados podem ser racialmente tendenciosos. Por exemplo, um estudo sobre árbitros de basquete da NBA revelou que eles tendem a penalizar com mais faltas os jogadores da raça oposta.[26] O esporte também forneceu insights sobre o impacto da Covid longa. Ao estudar jogadores europeus de futebol na temporada anterior à disponibilização das vacinas, aqueles que contraíram Covid tiveram um desempenho visivelmente abaixo do esperado. Mesmo oito meses após o contágio, os jovens atletas fizeram 5% menos passes do que seus companheiros de time que não contraíram Covid.[27]

Quando as equipes estão mais equilibradas, a participação do público é maior.

O esporte é um cenário em que as pessoas respondem aos incentivos criados pelas regras — mesmo que haja desrespeito ao espírito esportivo.[28] Nas Olimpíadas de 2012, quatro equipes de duplas femininas de badminton foram desqualificadas por tentarem perder partidas iniciais, a fim de obter um confronto melhor nas fases eliminatórias do torneio. Os incentivos são onipresentes.

12

MERCADOS AQUECIDOS E UM PLANETA AINDA MAIS AQUECIDO

NO INÍCIO DO ANO 2000, O SITE PETS.COM INVESTIU US$1 MILHÃO EM UM comercial no Super Bowl, estrelado por seu mascote, um fantoche, e realizou uma oferta pública inicial que arrecadou US$82 milhões. No final do ano, o preço das ações havia despencado de US$11 para US$0,19 por ação. Apesar de a empresa ter uma estratégia de marketing inteligente, sua estratégia de negócios se baseava em vender areia para gatos e ração para cães a preços muito abaixo do custo. Isso significava que quanto mais clientes a pets.com atraía, mais dinheiro perdia. A pets.com se tornou o mascote do colapso tecnológico daquele ano.

Na década anterior, a web havia crescido em um ritmo acelerado. A fase "Web 1.0" testemunhou o crescimento de mecanismos de busca, compartilhamento de arquivos, sites governamentais e atividades comerciais. No final do século XX, o número de usuários de internet em todo o mundo dobrava a cada ano.[1] Algumas empresas, como Google e Amazon, dominariam muitos setores. Outras, como pets.com, eToys, GeoCities, Webvan e garden.com, não conseguiram gerar receita suficiente para satisfazer seus investidores.

O estouro da bolha tecnológica dos EUA — como a crise financeira asiática alguns anos antes — acabou gerando uma recessão regional, e não global. Desde o seu auge em 2000, o mercado de ações NASDAQ, com forte presença de empresas de tecnologia, caiu 78%, e os ataques terroristas de setembro de 2001 prolongaram a crise. No entanto, a recessão foi relativamente breve, e o aumento do desemprego foi bastante modesto. Muitas nações, incluindo o Reino Unido, o Canadá e a Austrália, evitaram a recessão por completo.

Em 2002, o Prêmio Nobel de Economia foi concedido a Daniel Kahneman, de Princeton, por seu trabalho no desenvolvimento da economia comportamental. O prêmio de economia não era um dos Prêmios Nobel originais; começou apenas em 1969, financiado pelo banco central sueco para homenagear seu 300º aniversário. Às vezes, não economistas questionam se é um Prêmio Nobel de verdade, mas, para os economistas, é a maior honra da profissão.

Kahneman é psicólogo, e seu trabalho evidencia uma série de desvios sistemáticos do modelo racional padrão do *Homo economicus*. Você tem 8 mil vezes mais chances de morrer de uma picada de mosquito do que de um ataque de tubarão e 4 mil vezes mais chances de morrer em um acidente de carro do que em um acidente de avião.[2] No entanto, muitas pessoas se preocupam mais com tubarões e aviões do que com mosquitos e carros.

Desperdiçamos dinheiro em máquinas caça-níqueis ao mesmo tempo em que economizamos pouco para a aposentadoria. Restaurantes

Você tem 8 mil vezes mais chances de morrer de uma picada de mosquito do que de um ataque de tubarão e 4 mil vezes mais chances de morrer em um acidente de carro do que em um acidente de avião.

nos fazem gastar mais expondo um item caro no menu (isso infla nossa estimativa de quanto uma refeição razoável deve custar). Lojas online nos ludibriam para fazer compras desnecessárias por meio de "ofertas relâmpago" por tempo limitado. Nosso "eu" noturno fica acordado até tarde porque — como o comediante Jerry Seinfeld disse certa vez — dormir somente cinco horas é um problema para uma "pessoa matutina".

Ao trabalhar com Amos Tversky (que teria compartilhado o Nobel se não tivesse falecido em 1996), a contribuição de Kahneman foi levar a economia comportamental para além de uma série de resultados peculiares e incorporá-la a uma teoria geral de tomada de decisões. O cérebro, argumenta Kahneman, usa dois "sistemas".[3] O Sistema 1 é rápido, instintivo e emocional. Ele está predisposto a vieses comportamentais. O viés de ancoragem significa que as pessoas são mais propensas a comprar um produto se este tiver sido remarcado a partir de um preço inicialmente maior. A falácia do planejamento significa que o típico projeto de reforma de uma cozinha acaba custando o dobro do que foi previsto inicialmente. O Sistema 1 é usado ao fazermos julgamentos precipitados ou aplicarmos regras práticas e tende a ser propenso a vieses.

O Sistema 2 é mais racional, ainda que lento. Ao multiplicar 2 × 2, usamos o Sistema 1. Ao multiplicar 17 × 24, usamos o Sistema 2. O Sistema 2 exige mais esforço e tende a ser mais racional. Ao decidir que tipo de máquina de lavar roupa comprar, vale a pena usar o Sistema 2 para tomar a melhor decisão possível. O intuito do trabalho de Kahneman não é pedir que sejamos calculistas e racionais sobre cada decisão, mas, sim, reconhecer quando nossos vieses comportamentais podem nos levar a cometer erros onerosos. Atualmente, ensina-se economia comportamental como parte padrão da economia, e suas consequências são de suma importância para estudarmos como as pessoas assumem riscos e compram seguros, como avaliamos os prós e os contras em relação ao presente e ao futuro e como podemos ser alvos do "efeito nudge", a fim de tomar melhores decisões.

Uma das maiores decisões que a humanidade enfrenta é como lidar com o aquecimento global. Em 2005, o governo britânico contratou o economista Nicholas Stern para elaborar um relatório sobre a economia das mudanças climáticas. Entregue no ano seguinte, o Relatório Stern seria um dos mais importantes relatórios econômicos sobre mudanças climáticas já escritos. Os economistas há muito estavam familiarizados com o conceito de externalidade, graças ao trabalho de Arthur Pigou, de Cambridge, quase um século antes.

Suponha que uma fábrica poluente esteja localizada ao lado de uma lavanderia e que, quando está funcionando, ela acabe depositando fuligem nos lençóis dessa lavanderia. Trata-se de um exemplo de falha de mercado, já que a fábrica não paga pelo custo que impõe à lavanderia. A resposta mais simples é proibir fábricas poluentes em bairros com lavanderias (ou o contrário). Como alternativa, o governo poderia implementar um "imposto pigouviano": o imposto seria equivalente ao valor do dano que a fábrica causa às lavanderias. Outro economista, Ronald Coase, sugeriu que, se os custos de transação fossem suficientemente menores, as partes poderiam negociar uma solução eficiente (embora ele reconhecesse que isso raramente ocorreria na prática).

No relatório, Nicholas Stern concluiu que as mudanças climáticas eram a maior falha de mercado que o mundo já havia visto. A poluição por emissão de carbono impunha custos sociais astronômicos, mas os emissores tinham poucos incentivos para reduzi-la. Se não forem controladas, argumentou Stern, as mudanças climáticas teriam impactos nocivos na produção de alimentos, no acesso à água e na saúde da população. A escassez de água, as inundações costeiras e a fome podem afetar centenas de milhões de pessoas, desestruturando a vida em uma escala equivalente às guerras mundiais. Provavelmente, os custos seriam equivalentes a perder 5% da renda global todos os anos e para todo o sempre — e, a cada ano, podem chegar a uma perda de 20% da renda global. O Relatório Stern concluiu que, gastando uma quantia muito menor — aproximadamente 1% da renda global —, as emissões de gases de efeito estufa poderiam ser reduzidas de modo substancial, limitando os piores impactos das mudanças climáticas. A essência das medidas residia em assegurar que os investimentos inevitáveis — na modernização da produção de energia, na revitalização das redes de transporte e em outras áreas — fossem direcionados, de modo a reduzir as emissões de carbono.

Relatórios científicos do Intergovernmental Panel on Climate Change [Painel Intergovernamental sobre Mudanças Climáticas] haviam despertado a atenção do mundo para a questão, e alguns cientistas defendiam que o planeta havia entrado em uma nova era geológica, o Antropoceno. O Relatório Stern recorreu a um prisma econômico: evidenciou que as vantagens das medidas superavam os custos. Fundamental à conclusão do relatório foi o fato de atribuir praticamente o mesmo peso ao futuro e ao presente, rejeitando a aplicação da tradicional taxa econômica de desconto ao futuro. Isso difere da forma como os economistas costumam analisar decisões de longo prazo. Ao considerar a possibilidade de construir uma rodovia, um governo normalmente reduzirá os benefícios futuros, a fim de retratar o fato de que o dinheiro poderia ser investido, obtendo um retorno que o tornaria mais valioso no futuro.

Com as mudanças climáticas, a análise é diferente. Se usarmos taxas econômicas padrões de desconto, a fim de atenuar os custos futuros, em termos efetivos, estamos alegando que as vidas das gerações futuras devem ser consideradas menos valiosas do que as das gerações atuais. Ao avaliar projetos de infraestrutura, o US Office of Management and Budget [Escritório de Gestão e Orçamento dos EUA] sugere que as agências realizem análises usando taxas de desconto de até 7%. Contudo, uma taxa de desconto de 7% implica que, se forem gerados daqui a uma década, os benefícios precisam ser duas vezes maiores do que os custos. E, caso sejam concretizados daqui a um século, precisam ser 868 vezes maiores do que os custos.

Aplicado aos seres humanos, isso sugere que o valor de uma pessoa que viveu há um século é equivalente ao valor de 868 pessoas que vivem nos dias atuais. Mas será que, hoje, acreditaríamos que o valor do rei George V é equivalente às vidas dos estudantes de uma escola de ensino médio? A fim de evitar um resultado tão ilógico, Stern optou por usar uma taxa de desconto menor, atribuindo mais peso ao bem-estar das gerações futuras.

Ainda que a divulgação do Relatório Stern tenha motivado discussões entre os economistas sobre a escolha das taxas de desconto, atualmente, suas conclusões são essenciais e amplamente aceitas. Economistas têm trabalhado com os governos para projetar uma variedade de esquemas com o objetivo de reduzir as emissões — que, hoje em dia, estão sendo reduzidas na maioria dos países desenvolvidos. O principal desafio são as emissões de gases de efeito estufa da China, que representam um terço do total global e vêm aumentando gradualmente nos últimos anos. No momento, incentivar mais nações de baixa renda a reduzir as emissões é fundamental para lidar com a maior falha de mercado do mundo.

Apesar de os mercados nem sempre falharem, pode ser útil reconhecer a quantidade de valor criada pelo simples ato de negociar. Sua xícara de café matinal provavelmente custa menos do que o máximo que você estaria disposto a pagar: chamamos a diferença de "excedente do consumidor". Do mesmo modo, a cafeteria provavelmente vende o café por um valor superior ao mínimo aceitável: chamamos essa lacuna de "excedente do produtor".

Em 2005, o blogueiro canadense Kyle MacDonald ilustrou esse princípio de maneira bastante nítida ao trocar um clipe vermelho de papel por uma casa. Primeiro, ele trocou seu clipe de papel por uma caneta em forma de peixe. Em seguida, trocou a caneta por uma maçaneta esculpida à mão. Então, ele trocou a maçaneta por um fogareiro de acampamento. Isso continuou até sua 14ª e última troca: trocar um papel em um filme por uma pequena casa. A cada transação, MacDonald valorizava mais o novo item do que o antigo — no entanto, negociava com alguém que valorizava mais o item antigo do que o novo. MacDonald não apenas conseguiu uma casa para si: ele fez isso por meio de 14 negociações, e cada uma beneficiou outra pessoa.

Kyle MacDonald com o primeiro e o último de seus itens negociados.

MacDonald não era o único ansioso para ter a própria casa. Em 2005, a economia dos EUA havia se recuperado da breve crise tecnológica e um boom imobiliário estava a caminho. Fora uma época em que os preços das casas estavam subindo em todos os países desenvolvidos. Estatisticamente, em 1995, um casal da classe média com dois filhos precisava de sete anos de renda para pagar um apartamento de 60m² na capital de seu país. Em 2005, o preço desse mesmo apartamento representava dez anos de renda.[4]

Nos Estados Unidos, o aumento dos preços foi especialmente acentuado. Em 2007, o economista Robert Shiller usou dados de preços de casas estadunidenses, ao longo do século anterior, e os representou graficamente em uma simulação, que mais parecia uma montanha-russa.[5] A simulação levava os espectadores em uma jornada de altos e baixos, culminando em uma subida vertiginosa. Ao final, os espectadores podiam ver que a montanha-russa tinha uma subida enorme.

Enquanto os preços aumentavam, os padrões de empréstimo diminuíam. Na cidade de Bakersfield, Califórnia, um colhedor de morangos, com uma renda de US$14.000 e sem falar uma palavra em inglês, conseguiu um financiamento para comprar uma casa de US$720.000.[6] A chamada modalidade NINJA (sigla do inglês para sem renda, sem emprego, sem bens) foi concedida partindo do pressuposto de que os preços continuariam a subir, possibilitando que os mutuários refinanciassem seus imóveis. Do lado dos financiamentos, os empréstimos eram "securizados" — ou seja, eram agrupados e vendidos a investidores. A teoria era que isso distribuiria o risco de maneira mais ampla e permitiria que o mercado crescesse mais rapidamente. O problema era que isso mudava os incentivos. Tradicionalmente, os bancos emprestavam dinheiro para as pessoas comprarem casas e perdiam dinheiro se o mutuário não conseguisse pagar. Com a securitização, as pessoas que concediam os empréstimos não estavam mais assumindo o risco, o que criou um incentivo para emprestar demais às pessoas que não podiam pagar.

O IMPACTO DA DISPARIDADE SALARIAL DE GÊNERO

Em todo o mundo, os salários por hora das mulheres são 20% menores do que os dos homens.[7] Isso representa uma disparidade substancial, embora tenha diminuído ao longo do tempo. Em média, a disparidade salarial de gênero era duas vezes maior na década de 1960 do que é atualmente.[8] Na Europa, de 1300 a 1800, a disparidade salarial de gênero era ainda maior, pois, não raramente, o salário das mulheres era apenas metade do salário dos homens.[9]

Qual é a explicação para a disparidade salarial de gênero? Historicamente, um dos fatores era que as mulheres tinham menos educação formal do que os homens. Isso não é mais verdade, já que, na maioria dos países, o nível educacional das mulheres superou o dos homens. No entanto, um fator significativo são as profissões que homens e mulheres exercem. Na economia do cuidado, além de exercerem predominantemente a maioria das posições, as mulheres também recebem salários menores. Nas áreas de engenharia da computação e programação, os homens exercem hegemonicamente posições que tendem a pagar salários acima da média.

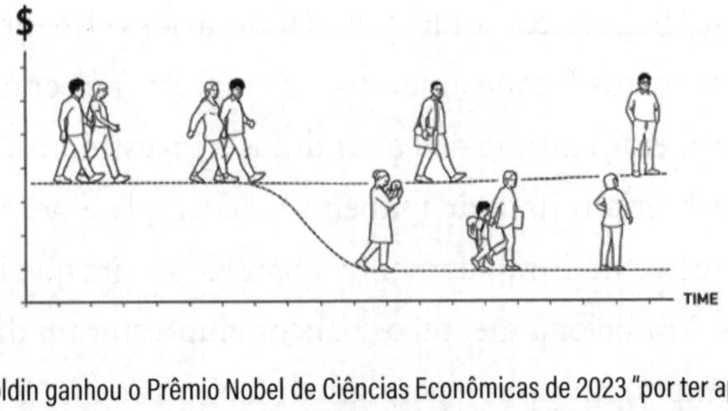

Claudia Goldin ganhou o Prêmio Nobel de Ciências Econômicas de 2023 "por ter aprofundado nossa compreensão dos resultados do mercado de trabalho das mulheres". Para acompanhar o anúncio do prêmio, a Real Academia Sueca de Ciências divulgou este cartoon ilustrando as descobertas de Goldin sobre o papel da maternidade no aumento da disparidade salarial de gênero.

Antigamente, alguns economistas acreditavam que homens e mulheres escolhiam suas profissões de maneira espontânea. Pesquisas recentes questionam tal perspectiva. Por exemplo, sabemos que as mulheres têm maior probabilidade de serem assediadas sexualmente no trabalho e que esse assédio pode impedi-las de exercer determinadas profissões. Se profissões técnicas têm taxas maiores de assédio sexual, isso pode ampliar a disparidade salarial de gênero entre homens e mulheres, desestimulando as mulheres a escolher determinadas trajetórias de carreira.

Outro fator é a discriminação. As mulheres relatam níveis mais altos de discriminação no trabalho, embora isso tenha diminuído ao longo do século passado. Um estudo intrigante que acompanha homens e mulheres transgêneros constatou que aqueles que transicionam para o gênero feminino sofrem uma queda salarial, ao passo que aqueles que transicionam para o gênero masculino tendem a ter um aumento salarial.[10]

Talvez o maior fator que contribui para a disparidade salarial de gênero seja a penalização pela maternidade. Em muitas nações, as trajetórias salariais para homens e mulheres sem filhos não são tão drasticamente diferentes. Mas, entre aqueles que têm filhos, as mulheres geralmente passam mais tempo fora da força de trabalho do que os homens. Quando as mulheres têm filhos, seus salários costumam diminuir ou estagnar. Isso não ocorre somente porque as mães costumam trabalhar meio período, mas também porque podem se encontrar em uma trajetória de carreira menos atraente, às vezes chamada de "the mummy track [trilha da mamãe]". Com menos experiência no mercado de trabalho, as mulheres recebem salários mais baixos do que os homens.

A disparidade salarial se torna especialmente significativa quando abordamos o que Claudia Goldin, de Harvard, chama de "empregos vorazes".[11] Em muitos países, as mulheres têm pouca ou quase nenhuma

Educação e bens servem como amortecedores: tornam as pessoas menos vulneráveis às crises.

representatividade em cargos que exigem muito tempo, como diretores executivos, sócios de escritórios de advocacia, políticos e cirurgiões. Profissões que dificultam a combinação de carreira e família tendem a ter as maiores disparidades salariais de gênero. Da mesma forma, as disparidades de gênero são maiores em países em que o acesso a creches é mais limitado. Uma das consequências da penalização pela maternidade é que a disparidade salarial de gênero tende a ser maior se a medirmos em termos de salários recebidos ao longo da vida, em vez de salários por hora. Mesmo em países desenvolvidos, os salários médios ao longo da vida das mães representam metade dos salários médios ao longo da vida dos homens — semelhante à disparidade salarial por hora de 500 anos atrás.[12]

O banco de investimentos Goldman Sachs foi uma das instituições financeiras que agrupou financiamentos "subprime" de alto risco em títulos cuja garantia era o próprio imóvel financiado. Os compradores desses títulos efetivamente detinham uma fatia de financiamentos. Por mais que reduzisse a exposição dos investidores, caso um único proprietário de financiamento NINJA deixasse de pagar, isso ainda os deixava vulneráveis se o mercado imobiliário sofresse uma redução drástica de valores. O Goldman divulgava amplamente esses produtos, inclusive para fundos de previdência. Um trader do Goldman se vangloriou de vender financiamentos subprime para "viúvas e órfãos". Nesse ínterim, o Goldman estava apostando na queda do mercado imobiliário — operação que ficou conhecida como "a grande aposta". Mais tarde, o Goldman argumentaria que não era segredo para ninguém de que estava apostando contra o produto que estava vendendo a seus clientes.

Quando o mercado entrou em colapso, o valor médio das casas nos EUA caiu cerca de um quinto. Em 2008, um em cada dez proprietários de imóveis tinha patrimônio líquido negativo — ou seja, o financiamento valia mais do que a própria casa. Milhões de mutuários não honraram os empréstimos e perderam suas casas. No entanto, o Goldman Sachs saiu financeiramente ileso. Em 2009, a empresa teve um lucro de US$13 bilhões e pagou bilhões de dólares em participações de lucros. O presidente-executivo do Goldman, Lloyd Blankfein, recebeu uma participação de lucro de US$9 milhões.

A crise financeira foi comparada ao romance de Agatha Christie, *Assassinato no Expresso do Oriente*, em que todos eram culpados. Banqueiros gananciosos, agências incompetentes de classificação de crédito, proprietários ingênuos de imóveis e formuladores negligentes de políticas: todos têm sua parcela de culpa. Em resposta, uma ação coordenada do G20 injetou estímulos fiscais nas vinte maiores economias do mundo. Mas, para muitos, os danos foram duradouros. Nos EUA, a taxa de desemprego dos trabalhadores negros ficou acima de 10% e permaneceu assim por mais de seis anos, enquanto a taxa de desemprego dos trabalhadores brancos nunca atingiu dois dígitos.[13] Podemos observar esse padrão comum nas recessões de muitos países. Educação e bens servem como amortecedores: tornam as pessoas menos vulneráveis às crises. Em contrapartida, os economistas estão percebendo que a volatilidade e a desvantagem andam de mãos dadas.

Cada vez mais, economistas de desenvolvimento econômico têm ressaltado o papel que a corrupção desempenha em frear o progresso das economias. Em 2009, o primeiro-ministro da Malásia, Najib Razak, estabeleceu um fundo soberano conhecido como 1MDB, que foi utilizado a fim de desviar centenas de milhões de dólares de dinheiro público para campanhas políticas de seu partido e gastos pessoais de seus associados. Jho Low, um dos principais mentores do esquema, adquiriu casas multimilionárias em Londres, em Nova York e em Los Angeles, comprou um jato Bombardier Global 5000 de US$35 milhões, US$8 milhões em joias para sua então namorada Miranda Kerr e promoveu uma festa que durou dias a fio, envolvendo o fretamento de um voo internacional para comemorar o Ano Novo em Sydney e em Las Vegas. O dinheiro roubado foi usado até para financiar *O Lobo de Wall Street* — um filme sobre um corretor desonesto de ações e seu estilo de vida opulento. Em certo momento, acreditava-se que Low tinha mais dinheiro disponível do que qualquer outra pessoa no mundo.

Economistas que estudam a corrupção têm observado as diversas maneiras pelas quais ela pode dificultar o desenvolvimento. Os roubos perpetrados pelo presidente da Indonésia, Suharto, pelo presidente do Zaire, Mobutu, e pelo presidente das Filipinas, Marcos, reduziram o crescimento e aumentaram a desigualdade dos respectivos países. O dinheiro público desviado para comprar palácios, carros de luxo e iates não fica disponível para ser investido em programas governamentais de saúde e de educação. Nos negócios, a corrupção eleva os preços, restringe a inovação e mina a credibilidade dos servidores públicos honestos. Quando o poder econômico se encontra com a política torpe, a corrupção prospera, longe do escrutínio da sociedade. Um pesquisador resume os fatores que impulsionam a corrupção em uma equação: corrupção = monopólio + discricionariedade – prestação de contas.[14]

Além disso, os economistas estão reconhecendo cada vez mais o papel dos paraísos fiscais em viabilizar a corrupção. O desvio de recursos do 1MDB foi possibilitado por contas bancárias nas Ilhas Virgens Britânicas. Os escândalos Panama Papers, Pandora Papers, Lux Leaks e outras revelações expuseram o uso generalizado de paraísos fiscais por traficantes de drogas, ditadores e pessoas que lavavam dinheiro, bem como pelos ultrarricos. Estima-se que US$4 em cada US$5 em contas offshore se devem a violações de leis tributárias de outros países.[15] Pesquisas econômicas sobre a escala do problema ajudaram a pressionar os paraísos fiscais a compartilhar informações com administrações tributárias em todo o mundo.

Em países de baixa renda, o programa Fiscais Sem Fronteiras fornece expertise para que as nações realizem auditorias rigorosas — em alguns casos, gerando ganhos fiscais 100 vezes maiores do que o custo de pagar os auditores. Outra abordagem útil é o conceito de "dívida odiosa", segundo o qual a comunidade internacional concorda que o dinheiro emprestado a um déspota é um empréstimo pessoal, não uma dívida soberana.[16] A ideia da dívida odiosa é mudar os incentivos dos credores. Caso saiba que um empréstimo para ajudar um autocrata a comprar armas será anulado, se o país se tornar uma democracia, um banco pode pensar duas vezes antes de conceder o empréstimo. Isso pode, por sua vez, ajudar a cortar o financiamento de ditadores.

Após a crise financeira, à medida que o crescimento foi retomado, também se consolidou a percepção constante de que algumas das alegações feitas pelos gestores de dinheiro do mundo poderiam não ter fundamento. Em um estudo, pesquisadores acompanharam as 43 empresas perfiladas no livro *Em Busca da Excelência*, de Tom Peters e Robert Waterman. Eles constataram que, somente dois anos depois, quase um terço dessas empresam estavam em sérias dificuldades financeiras.[17] O livro de negócios mais influente de sua época nem sempre identificava as empresas mais bem-sucedidas. Em outro estudo, Raven, um chimpanzé de 6 anos, superou 99% dos corretores profissionais de Wall Street ao jogar dardos para escolher suas ações.[18]

Para os gestores de fundos, o grande desafio é se conseguem superar o desempenho médio do mercado de ações. Segundo um relatório recente, nos Estados Unidos, 65% dos fundos de ações gerenciados ativamente teve desempenho inferior ao mercado de ações em um período de um ano.[19] Em outras palavras, em um ano normal, cerca de dois terços dos fundos gerenciados ativamente crescem menos do que a média do mercado de ações. Em um período de 5 anos, a parcela de fundos com desempenho inferior cresce 88%. Em um período de 10 anos, 92% dos fundos gerenciados têm desempenho inferior ao mercado de ações.

O problema não reside na ignorância dos gestores de dinheiro, e sim no fato de que é difícil superar o mercado de ações, como prevê a teoria econômica. Ao decidir pela compra ou pela venda de uma ação, os analistas avaliam cada fragmento de informação para entender o produto, a equipe de gestão e as condições do mercado. Analistas do mercado de ações são conhecidos por usar imagens de satélite para contar carros em estacionamentos, a fim de estimar a demanda do varejo, e estudar previsões meteorológicas de longo prazo com o intuito de prever a produtividade das safras. Modelos algorítmicos de negociação são programados para detectar ínfimas diferenças de preços entre os mercados e tirar vantagem da diferença em milissegundos.

Um ditado fundamental do mercado de ações é a hipótese do mercado eficiente: o preço de uma ação reflete todas as informações publicamente disponíveis. Como é ilegal negociar com base em informações privilegiadas ("insider information"), a maioria dos fundos gerenciados ativamente — assim como a maioria dos investidores day traders — não consegue superar o retorno médio do mercado de ações. Como os economistas gostam de dizer, é raro encontrar uma nota de US$20 na calçada, porque é provável que alguém já a tenha pegado primeiro.

Uma alternativa popular aos fundos gerenciados ativamente é um fundo de índice. Um fundo de índice abarca somente as empresas no mercado de ações mantidas em proporção ao seu tamanho de mercado. Por exemplo, atualmente, um fundo de índice S&P 500 incluiria cerca de 7% da Apple, 1% da Chevron, 0,1% da FedEx e uma parcela proporcional das outras 497 empresas do índice. Os retornos de um fundo de índice são projetados para corresponder ao índice de ações que está sendo replicado, subtraindo uma taxa de administração. Como replicar o índice é uma atividade corriqueira, os fundos de índice podem cobrar taxas menores do que os fundos gerenciados ativamente, que pagam investidores stock pickers para escolher seus investimentos.

Em 1975, quando o fundador da Vanguard, Jack Bogle, criou o fundo de índice, os críticos o ridicularizaram, usando a frase "a loucura de Bogle". Mas, na década de 2010, os fundos de índice se tornaram uma força dominante do mercado financeiro. De acordo com uma estimativa, os investidores passivos controlavam um quinto do mercado de ações dos EUA em 2011 (um número que cresceria para dois quintos na década seguinte).[20] Um dos três grandes investidores de índice — Vanguard, BlackRock e State Street — é o maior acionista de nove décimos das empresas do S&P 500.[21]

Apesar de os economistas divergirem sobre muitos assuntos, uma pesquisa com mais de 40 economistas importantes (incluindo vencedores do Prêmio Nobel) não identificou um único economista que discordasse da ideia de que os investidores têm mais sucesso investindo em fundos de índice.[22] Os fundos de índice até têm o apoio improvável de Warren Buffett, que, apesar de ser um investidor ativo, acredita que a maioria das pessoas teria uma situação financeira melhor se mobilizasse seu dinheiro em fundos de índice de baixo custo. Em 2017, Buffett escreveu a seus acionistas: "Se construírem uma estátua para homenagear a pessoa que mais fez pelos investidores norte-americanos, essa estátua deveria ser de Jack Bogle".

Em todo o mundo, a década de 2010 testemunhou um volume inigualável de capital em busca por oportunidades de investimento. De fundos de pensão canadenses a famílias chinesas que poupavam bastante dinheiro, um excesso global de poupança começou a reduzir as taxas de juros. Larry Summers, de Harvard, alertou que o mundo pode estar entrando em um período de "estagnação secular", no qual a produtividade e o crescimento diminuíram. Tyler Cowen, da Universidade George Mason, argumentou que, em comparação aos progressos transformadores do século XX na educação e na migração em massa, na eletricidade e no transporte, os ganhos econômicos da informatização e dos smartphones foram relativamente modestos.[23] Inovações da internet, como Wikipedia, YouTube e Google, beneficiaram intelectualmente os curiosos, mas tiveram impacto limitado na produtividade. Uma visão mais otimista é que os impactos da produtividade do poder computacional — como a energia a carvão e a eletricidade antes dela — podem ser materializados décadas após o surgimento da inovação.

Para os formuladores de políticas monetárias, taxas de juros menores representaram um desafio. Ao analisar dados históricos que remontam a 5 mil anos, o economista do Banco da Inglaterra, Andy Haldane, concluiu que as taxas de juros nunca haviam sido tão baixas.[24] Ele comparou as tentativas dos bancos centrais de aumentar as taxas de juros à história de uma criança cuja pipa fica presa em uma árvore: a criança joga uma coisa após a outra para tentar ter a pipa de volta. Compras de ativos, esquemas de liquidez e orientação futura, observou Haldane, foram igualmente ineficazes em elevar as taxas de juros. No final da década de 2010, os banqueiros centrais de muitos países se viram enfrentando a deflação.

Para os banqueiros centrais dessa época, um dos problemas comuns era o "limite inferior a zero" — decorrente do fato de que é complicado cobrar de alguém uma taxa negativa de juros. Se posso armazenar dinheiro sem custo, por que eu deveria emprestá-lo a você, para que me devolva menos dinheiro? Os banqueiros centrais recorreram à "flexibilização quantitativa [quantitative easing]", comprando ativos financeiros na tentativa de sustentar a economia. No final da década de 2010, quatro grandes bancos centrais — o Federal Reserve dos EUA, o Banco da Inglaterra, o Banco do Japão e o Banco Central Europeu — detinham coletivamente mais de US$20 trilhões em ativos financeiros, quantia aproximadamente igual à produção econômica anual dos Estados Unidos.[25]

Alguns dos problemas econômicos enfrentados nesse período foram resultado de decisões e ações tomadas pelos próprios países. Após defender empenhos globais para reduzir as barreiras comerciais por mais de meio século, os Estados Unidos mudaram abruptamente de rumo em 2018, impondo tarifas sobre o aço, o alumínio e uma infinidade de importações da China. Ao anunciar as tarifas, o então presidente Donald Trump as caracterizou como uma forma de punir os estrangeiros, mas, na verdade, o custo foi amplamente absorvido pelos norte-americanos. Para as famílias norte-americanas, as tarifas de Trump constituíram um dos maiores aumentos de impostos em décadas.[26] Como muitos trabalhadores norte-americanos trabalham em setores que usam aço, como construção e fabricação de automóveis, do que na fabricação de aço, estima-se que dezesseis empregos foram perdidos para cada novo emprego criado.[27] Além do mais, os parceiros comerciais impuseram tarifas retaliatórias, reduzindo os volumes de exportação dos EUA em

10% em relação aos produtos afetados.[28] Como as guerras militares, as guerras comerciais costumar ter mais perdedores do que vencedores.

Em um referendo de 2016, 52% dos britânicos votaram a favor da saída do país da União Europeia, o que se concretizou em 2020. O Brexit levou muitas empresas sediadas no Reino Unido a transferir escritórios para a Europa continental, criando considerável incerteza para importadores e exportadores. O Brexit impediu o livre fluxo de pessoas, serviços, bens e capital entre o Reino Unido e a Europa continental. O Office of Budget Responsibility [Escritório de Responsabilidade Orçamentária] do Reino Unido estima o custo de longo prazo do Brexit em 4% da renda do Reino Unido.[29] Os economistas eram quase unânimes e contrários ao Brexit, mas não conseguiram combater uma campanha impulsionada por sentimentos anti-establishment, reação contra a imigração e desconfiança perante as instituições internacionais.

No século XXI, os economistas direcionaram a atenção para uma ampla gama de tópicos — da corrupção às mudanças climáticas — que poderiam ter sido considerados além do âmbito da disciplina nas gerações anteriores. Os economistas reconheceram as limitações do modelo puramente racional, usando a economia comportamental para explicar por que as pessoas muitas vezes economizam muito pouco e alimentam-se em excesso. E, assim como o debate sobre as Corn Laws e a *Smoot-Hawley Tariff Act*, as tarifas de Trump e o Brexit foram um lembrete de que, embora a abertura possa ser boa para a economia, o isolacionismo muitas vezes vence as eleições.

13

A PANDEMIA E ALÉM

No início de 2020, o surgimento da Covid-19 precipitou a economia global em um abismo, o mais profundo desde a Grande Depressão da década de 1930. Com países em lockdown, a renda global no segundo trimestre de 2020 despencou 5%.[1] Investimentos empresariais foram ladeira abaixo, o turismo e a imigração praticamente foram interrompidos e os gastos com serviços caíram drasticamente. A economia de todos os países desenvolvidos entrou em recessão. Em todo o mundo, cerca de 400 milhões de pessoas ficaram desempregadas.[2] A fim de amparar as famílias, os governos injetaram mais de US$10 trilhões em subsídios para empresas e trabalhadores afetados. Em 2019, a dívida pública global equivalia a dez meses de renda mundial. Em 2020, a dívida pública global equivalia a um ano inteiro de renda mundial.[3]

Duas invenções tiveram papéis determinantes. Os testes de Covid-19 ajudaram a resolver o que os economistas chamam de "problema de informação" — possibilitando que as pessoas se isolassem na fase inicial da doença para não infectar outras pessoas. As vacinas contra a Covid-19 proporcionaram vantagem substancial àqueles que as tomavam, redu-

Por que os bancos centrais em países como Austrália, Irlanda e Estados Unidos permitiram que os preços das casas dobrassem em uma década, no início do milênio? Por que permitiram que as famílias assumissem tantas dívidas?

zindo a probabilidade de morte para menos de um décimo do risco enfrentado por pessoas não vacinadas.[4] As vacinas também geraram uma externalidade positiva significativa ao diminuir a taxa de propagação da doença. Devido a essa externalidade positiva, governos em todo o mundo forneceram vacinas gratuitamente, em vez de cobrar das pessoas.

Para os formuladores de políticas monetárias, uma surpresa da Covid-19 foi o impacto na inflação após o fim dos lockdowns. As famílias começaram a gastar de modo desenfreado, inundando o mercado com uma onda de consumo, enquanto a invasão da Ucrânia pela Rússia fez os preços da energia dispararem. De repente, os bancos centrais estavam enfrentando uma inflação que rivalizava com a da década de 1970. Como conter a inflação exigia aumentar as taxas de juros em vez de reduzi-las, não houve necessidade de uma política monetária não convencional. O problema era a angústia que as altas taxas de juros causavam às pessoas com financiamentos imobiliários e a empresários que haviam se acostumado com taxas menores. Muitas pessoas questionavam por que os bancos centrais não haviam tomado medidas antes e por que suas predições [forecasting] haviam antecipado erroneamente uma inflação baixa e taxas de juros menores.

A resposta reside em um desafio geral da economia: fazer predições é difícil. Assim como meteorologistas e comentaristas esportivos, os banqueiros centrais nem sempre têm certeza do que está por vir. Como o filósofo do beisebol, Yogi Berra, disse certa vez: "É difícil fazer predições, ainda mais sobre o futuro". Economistas acadêmicos costumam duvidar das predições, ressaltando que, geralmente, as crises são desencadeadas por choques inesperados. Não raro, conflitos, pandemias, fomes, falências, inadimplências e guerras comerciais passam despercebidos por modelos econômicos que se concentram apenas em variáveis que mudam gradualmente, não de maneira abrupta.

Além de serem criticados pelos prognósticos imperfeitos, os banqueiros centrais têm sido alvo de acusações por uma infinidade de outras transgressões. Por que não fizeram mais para evitar o acúmulo da dívida pública? Por que os bancos centrais em países como Austrália, Irlanda e Estados Unidos permitiram que os preços das casas dobrassem em uma década, no início do milênio? Por que permitiram que as famílias assumissem tantas dívidas?

A resposta reside naquilo que é conhecido como "Regra de Tinbergen", que simplesmente observa que, se você tem apenas uma ferramenta, só pode mirar em um objetivo. A principal ferramenta dos bancos centrais são as taxas de juros. A Regra de Tinbergen salienta que, se os preços das casas estão subindo vertiginosamente enquanto a inflação está abaixo da meta, os bancos centrais não podem resolver ambos os problemas. Do mesmo modo, se as famílias estão enfrentando uma inflação descontrolada, mas algumas estão sobrecarregadas com financiamentos, os bancos centrais devem escolher qual problema resolver.

Um fator que contribuiu para os bloqueios da cadeia de suprimentos durante a pandemia de Covid-19 foi o alto grau de concentração em muitos mercados. Nos Estados Unidos, praticamente todas as fórmulas infantis são feitas por um seleto grupo de empresas, e as importações são bastante restritas. Quando a maior fabricante, Abbott, fechou sua maior fábrica devido a uma possível contaminação, isso desencadeou uma crise. No auge mais crítico da situação, sete em cada dez supermercados norte-americanos não tinham fórmula infantil. O pequeno número de produtores havia criado gargalos, e os pais estavam pagando o preço.

A visão da "Escola de Chicago" sobre a política de concorrência — de que os monopólios poderiam atender bem aos consumidores em muitos casos — estava sendo cada vez mais questionada. De fórmulas infantis (nove em cada dez unidades são produzidas por apenas quatro empresas) a caixões (os dois maiores fabricantes dominam quatro quintos do mercado), os mercados concentrados eram um fenômeno que acompanha as pessoas do berço ao túmulo.

A concentração de mercado não era apenas resultado de empresas de grande porte superando concorrentes. Ao aplicar o padrão de bem-estar do consumidor da Escola de Chicago, autoridades antitruste e tribunais permitiram uma infinidade de fusões, incluindo a compra do Instagram pelo Facebook, a compra do YouTube pela Google e a compra da SABMiller pela cervejaria AB InBev. No entanto, os economistas passaram a se preocupar com o fato de que a concentração de mercado pudesse ter outros impactos prejudiciais. Em termos de renda anual, as maiores empresas estão na escala de renda de países inteiros. O Walmart tem aproximadamente o "tamanho econômico" da Tailândia. A Amazon tem renda anual equivalente à da Áustria. A ExxonMobil tem renda anual equivalente à do Peru. Os economistas começaram a pensar que talvez ser grande pode não ser tão bom assim.

O medo da hegemonia do mercado foi sentido com mais intensidade no setor de tecnologia, em que geralmente se aplica uma dinâmica de "o vencedor leva tudo". Nos países desenvolvidos, cinco empresas conhecidas coloquialmente como "MAMAA" — Meta, Apple, Microsoft, Alphabet e Amazon — dominam as mídias sociais, smartphones, software, mecanismos de busca e compras online. Na China, os quatro players conhecidos como "BATX" — Baidu, Alibaba, Tencent e Xiaomi — dominam mecanismos de busca, comércio eletrônico, mídias sociais e smartphones.

Os economistas passaram a se preocupar cada vez mais com o fato de que mercados concentrados prejudicam trabalhadores e consumidores. Um quinto dos trabalhadores norte-americanos tem uma cláusula de contrato de trabalho que limita sua capacidade de aceitar um emprego em qualquer empresa que concorra com seu empregador atual.[5] Um conjunto ilícito de acordos entre empresas do Vale do Silício para não contratar engenheiros de software uma das outras reduziu os salários dos funcionários. A apreensão de Joan Robinson com o poder do monopsônio continua sendo bastante relevante.

O poder do monopsônio também pode prejudicar os fornecedores. A App Store da Apple foi descrita como um "ambiente fechado e controlado", em que a Apple cobra dos desenvolvedores de aplicativos até 30% sobre qualquer receita que gerem por meio da loja de aplicativos. Apreensões semelhantes foram levantadas na China: o Alibaba foi flagrado impedindo que comerciantes vendessem produtos em plataformas concorrentes e foi multado em US$2,8 bilhões. As nove empresas — MAMAA e BATX — estão entre as líderes mundiais em inteligência artificial. Ou seja, pretendem ganhar quantias astronômicas com as inovações tecnológicas computacionais.[6]

Embora muitos temam que a tecnologia possa potencializar as megacorporações, as inovações tecnológicas poderiam reduzir o tamanho de algumas empresas. A análise pioneira de Ronald Coase sobre os limites das empresas postulou que a decisão de realizar um trabalho internamente ou terceirizá-lo depende dos custos de transação e de informação. Se facilitarem o acesso a não funcionários ou à conexão com outras organizações, as plataformas online podem acabar reduzindo o tamanho de uma empresa.

A maioria dos moderadores de conteúdo da Meta não trabalha para a Meta. A maioria dos entregadores parceiros da Amazon não trabalha para a Amazon. No futuro, conglomerados corporativos multifacetados como Mitsui, Swire e Tata podem ter dificuldades no que diz respeito a concorrentes mais especializados.

A política de concorrência não é a única área afetada pelo crescente poder e uso da tecnologia computacional. Hannah Fry, professora de matemática, apresenta uma série de exemplos em que algoritmos geraram resultados perturbadores.[7] Ao pesquisarem os próprios nomes no Google, afro-americanos tinham mais probabilidade de ver anúncios direcionados a pessoas com antecedentes criminais do que norte-americanos brancos. As mulheres tinham menos probabilidade do que os homens de receber anúncios online para cargos executivos altamente remunerados.

Em um incidente, o supermercado britânico Tesco foi contatado por uma cliente — que compartilhava um cartão de fidelidade da loja com o marido — que se deparou com preservativos em sua seção "meus favoritos". Deve ser um erro, disse ela ao supermercado. Não era, mas o supermercado discretamente se desculpou pelo erro de dados, em vez de ser a causa de uma briga conjugal. No sistema judicial dos EUA, os juízes às vezes tomam decisões com base em algoritmos que calculam as chances de uma pessoa reincidir no crime.[8] No entanto, os réus podem ter o acesso negado às informações que levaram à decisão. Na China, o sistema de score social negou a milhões de cidadãos o acesso a voos e viagens de trem de alta velocidade com base em sua baixa "confiabilidade", que pode ser devido a atravessar a rua fora da faixa de pedestres, não visitar os pais idosos ou criticar o governo online.

A psicóloga social Shoshana Zuboff chama o uso de dados privados por corporações de "capitalismo de vigilância", observando a forma como isso está resultando em publicidade cada vez mais direcionada e à crescente demanda corporativa por dados de usuários.[9] Como mostram os exemplos anteriores, o big data tem o potencial de piorar a desigualdade. No entanto, os economistas também estão usando grandes conjuntos de dados para responder a perguntas que antes não conseguiam. Um exemplo é Raj Chetty, de Harvard, cujo laboratório Opportunity Insights usa big data para estudar oportunidades econômicas.

Ao recorrer a dados fiscais de quase toda a população dos EUA , durante quase três décadas, a equipe de Chetty analisou a mobilidade econômica — a propensão das pessoas de subir ou descer na distribuição de renda de uma geração para a outra.[10] Para as crianças nascidas na década de 1940, evidenciou-se que quase nove em cada dez podiam esperar ganhar mais do que seus pais. Mas, para as crianças nascidas na década de 1980, apenas metade podia esperar o mesmo. A pesquisa demonstrou que os bairros têm um poderoso impacto causal sobre as crianças. Ao mapear as oportunidades nos Estados Unidos, em geral, verificou-se que os condados com menos pobreza concentrada, menos desigualdade de renda, melhores escolas, uma parcela maior de famílias com dois pais e menores taxas de criminalidade geram melhores resultados para as crianças em famílias pobres.

Em outro conjunto de estudos, ao analisar dados do Facebook de mais de 70 milhões de residentes nos EUA, Chetty e sua equipe mostraram que os círculos de amizade são fortemente baseadas em classes sociais.[11] Pessoas que pertencem aos 10% mais ricos da sociedade têm o dobro de amigos que também são ricos, em comparação ao número de amigos, pertencente à metade mais pobre da população. Além disso, ricos e pobres têm diferentes tipos de amigos. Aqueles no topo da pirâmide têm mais probabilidade de ter amigos da universidade, enquanto aqueles na base da pirâmide têm mais probabilidade de ter amigos do mesmo bairro. Os pesquisadores também são capazes de calcular padrões de amizade em nível local — demonstrando que as pessoas no meio-oeste dos EUA têm maior probabilidade de serem amigas de pessoas de uma classe social diferente.

ECONOMIA FORENSE

A economia forense identificou irregularidades em lugares surpreendentes.[12] Um estudo compara os relatórios de neve das estações de esqui com os das estações meteorológicas do governo. As estações de esqui relatam mais neve, e a diferença é maior nos fins de semana. Outro estudo descobriu que a revista *Wine Spectator* fornece classificações maiores — em relação a outras publicações — para vinhos que anunciam em suas páginas. Da mesma forma, as revistas de finanças pessoais têm maior probabilidade de recomendar os fundos de seus anunciantes. Revistas de moda têm maior propensão de apresentar roupas de seus anunciantes.

Na patinação artística, a economia forense constata que os juízes tendem a atribuir pontuações maiores aos atletas de seus países.

Os incentivos podem desvirtuar o comportamento. Ao observar o que acontece quando corretores de imóveis vendem as próprias casas, um estudo econômico revela que as casas dos corretores permanecem no mercado por dez dias a mais e são vendidas por 4% a mais do que a média. Os economistas da educação descobriram que, nos dias em que as escolas têm provas importantes, é mais provável que suspendam os alunos com baixo desempenho. As escolas também servem alimentos mais calóricos nos dias de provas.

A economia forense pode até mesmo desmascarar a corrupção. Quando o ditador indonésio Suharto sofreu problemas de saúde, o preço das ações de empresas politicamente conectadas também caiu. Quando os conflitos pioram em países que estão sob embargo de armas das Nações Unidas, os preços das ações dos fabricantes de armas sobem. Com base no trabalho em psicologia, os pesquisadores observaram que seres humanos têm um viés quando inventam números. Usamos em excesso determinado algarismos (como 7) e pares consecutivos (como 1-2 ou 3-4). Os resultados eleitorais na Nigéria e no Irã mostram esses padrões suspeitos. Os resultados das eleições na Suécia e nos Estados Unidos não. Quanto mais abundantes e detalhados os dados, mais a economia forense revelará sobre comportamentos inadequados.

O trabalho de Chetty é um exemplo de como a economia se tornou mais orientada a dados. Em periódicos de economia, é cada vez mais raro encontrar pesquisas que estabelecem um modelo teórico sem usar dados para testar suas predições. O uso de experimentos randomizados por economistas cresceu exponencialmente desde os estudos pré-escolares da década de 1960, e os pesquisadores se tornaram mais hábeis em usar experimentos naturais para identificar impactos causais. O aumento do poder de processamento reduziu o custo de analisar enormes conjuntos de dados. Minha pesquisa de doutorado em 2004, que analisou um conjunto de dados de mais de 1 milhão de pessoas, não poderia ter sido feita em um notebook de uma década antes.[13] Uma década depois, o código teria sido executado em segundos em vez de horas. A análise de big data é uma beneficiária da Lei de Moore.

O big data também está gerando insights sobre assuntos desconfortáveis, como gênero e raça. Ao analisar e processar os resultados de pesquisas na internet, Seth Stephens-Davidowitz descobriu que, em lugares menos tolerantes à homossexualidade, as pessoas são mais propensas a pesquisar no Google a pergunta "Meu marido é gay?"[14] As buscas por piadas racistas têm forte correlação com os padrões de voto para Donald Trump na eleição de 2016. Os pais têm duas vezes mais chances de pesquisar "Meu filho é superdotado?" do que "Minha filha é superdotada?" Os pais também têm duas vezes mais chances de pesquisar "Minha filha está acima do peso?" do que "Meu filho está acima do peso?" Para reduzir o racismo, o sexismo e a homofobia, é fundamental primeiro entender o problema. O big data nos possibilitar ir além dos limites das pesquisas tradicionais.

Os dados de satélite também estão revelando a verdade sobre a prosperidade econômica. À noite, as partes ricas do mundo se iluminam como uma árvore de Natal, enquanto as regiões mais pobres ficam escuras. Um padrão semelhante ocorre dentro do mesmo país ao longo do tempo: um crescimento mais rápido está associado a mais luz à noite. Nos EUA, os dados de satélite revelam o legado dos padrões históricos de transporte. Na época em que o transporte de muitas mercadorias era fluvial, havia certos locais nos EUA que exigiam transporte entre dois barcos. Mais de um século após o fim desse tipo de transporte, esses locais continuam sendo centros econômicos prósperos.[15] Outro estudo, analisando dados de satélites globais ao longo de duas décadas, descobriu que os ditadores são mais propensos a mentir sobre o crescimento de seu país — relatando melhores números econômicos do que suas imagens de satélite sugeririam.[16] Imagens de satélite também estão sendo usadas por pesquisadores para estudar o desmatamento no Brasil e a poluição na Indonésia. As imagens atuais são suficientemente detalhadas para permitiram aos pesquisadores contar o número de árvores de cada agricultor em Uganda e medir quais casas em uma favela de Nairóbi tiveram os telhados reformados.[17]

Novos tipos de dados também nos lembram da importância de atualizar as estatísticas econômicas para que meçam aquilo que nos interessa. As contas de renda nacional foram desenvolvidas em uma época em que a maioria dos empregos era em fazendas ou em fábricas. Para os contadores, a economia online apresenta novos desafios. Em um estudo, as pessoas foram questionadas sobre quanto teriam que ser pagas para abrir mão de vários serviços gratuitos da internet por um ano.[18] As pessoas responderam que teriam que receber US$17.000 para abrir mão da pesquisa, US$8.000 para abrir mão do e-mail, US$3.000 para desconsiderar mapas e US$1.000 para sacrificar o streaming de vídeo. Como as contas nacionais medem o valor agregado, não o bem-estar do consumidor, elas podem perder esses benefícios importantes.

O trabalho não remunerado tem sido gravemente negligenciado nas estatísticas econômicas. Se um homem paga uma empregada doméstica para preparar seu jantar, limpar sua casa e cuidar de seu filho, a renda dela é incluída nas contas nacionais e ela é considerada parte da força de trabalho. Se eles se casarem e ela continuar exercendo a mesma função, ela não receberá mais um salário (qualquer dinheiro movimentado entre eles é considerado uma transferência dentro da família) e será contabilizada como estando fora da força de trabalho.[19]

Economistas feministas têm ressaltado que o trabalho não remunerado pode representar a maior parte do trabalho do mundo. Embora pesquisadoras como Marilyn Waring, da Universidade de Tecnologia de Auckland, tenham criticado de modo contundente a maneira como as estatísticas econômicas são coletadas, o fato é que as contas de renda nacional incluem o trabalho de homens que fabricam armas de fogo, mas excluem o trabalho de mulheres que amamentam seus bebês.[20] Usar smartphones para entender melhor como as pessoas usam seu tempo, mantendo a privacidade do usuário, é uma fronteira crucial na modernização de nossas estatísticas econômicas.

14

ECONOMIA: PASSADO, PRESENTE E FUTURO

O ECONOMISTA MAX ROSER CERTA VEZ OBSERVOU QUE A FREQUÊNCIA das notícias molda a cobertura midiática.[1] Revistas semanais têm um foco diferente dos jornais diários, que, por sua vez, têm um foco diferente das mídias sociais. Mas e se tivéssemos um jornal que fosse publicado a cada 50 anos? Roser argumentou que tal jornal seria muito mais propenso a abordar tendências positivas de longo prazo. Em vez de fofocas sobre celebridades, a primeira página de um jornal atual de 50 anos poderia relatar a queda da taxa global de mortalidade infantil de 14% para 4%, ou o fato de que o emprego no setor de serviços constitui a maioria de todos os empregos em todo o mundo.[2]

Este livro começou com a história da iluminação artificial — um exemplo de como a tecnologia transformou um luxo para nossos ancestrais em algo tão barato que raramente pensamos em seu custo. A longo prazo, grande parte do desenvolvimento econômico é assim. As inovações na saúde infantil são personificadas pela história da Rainha

É fácil considerar a melhoria do padrão de vida como natural. Como sabemos, as forças opressivas do feudalismo, do colonialismo e da escravização já dominaram a vida de muitos povos do mundo.

Anne — a mulher mais poderosa de sua época. Entre 1684 e 1700, ela engravidou dezessete vezes. Quase todas as suas gestações, exceto uma, terminaram em natimortalidade, aborto espontâneo ou morte infantil. Após três séculos, mesmo os pais mais pobres dificilmente perdem um filho. Os avanços no saneamento e na medicina salvaram milhões de vidas. Em termos efetivos, os trabalhadores na maioria dos países agora ganham mais em um dia do que seus equivalentes de 1900 ganhavam em uma semana.

Do arado à internet, a tecnologia impulsionou revoluções na atividade econômica. As sociedades também se beneficiaram da vantagem comparativa. Em todo o mercado de trabalho, a especialização tem desempenhado papel vital no aumento da prosperidade. Se você aprimorou um conjunto de habilidades, saberá instintivamente por que uma sociedade de especialistas pode desfrutar de padrões de vida mais elevados do que um grupo de generalistas. E esse princípio se aplica tanto aos países quanto aos indivíduos. O comércio viabiliza que os países se especializem naquilo que fazem melhor. Ter um parceiro comercial não é uma ameaça, é uma oportunidade. O comércio está no cerne da economia moderna e da prosperidade que tem gerado. O comércio é uma das principais razões pelas quais centenas de milhões de pessoas na China saíram da pobreza nas últimas décadas e por que a importância da China no cenário global mais uma vez se aproxima de seu tamanho populacional.

É fácil considerar a melhoria do padrão de vida como natural. Como sabemos, as forças opressivas do feudalismo, do colonialismo e da escravização já dominaram a vida de muitos povos do mundo. O psicólogo Steven Pinker nos diz que suas palavras favoritas são a entrada da enciclopédia que começa com "A varíola *era* uma doença infecciosa".[3] Graças ao progresso humano, uma doença que matou 500 milhões de pessoas em seu último século agora pode ser mencionada como passado.[4] Pinker observa que, devido a melhores dietas e escolaridade mais alta, os escores de QI aumentaram tão rápido que a pessoa média de hoje teria um score melhor do que 98% da população há um século. As chances de um europeu típico ser assassinado são menos de um décimo do que seriam há 500 anos. Em todo o mundo, as atitudes em relação a gênero, raça e sexualidade se tornaram mais progressivas, de modo que jovens muçulmanos do Oriente Médio são tão tolerantes quanto jovens europeus ocidentais eram na década de 1960. Em poucas gerações, vasos sanitários com descarga, geladeiras, ares-condicionados e máquinas de lavar roupa passaram de luxos a necessidades.

Mas será que o progresso nos trouxe mais felicidade? Na década de 1970, o economista Richard Easterlin analisou as primeiras pesquisas internacionais sobre satisfação com a vida e concluiu que, além de certo ponto, mais dinheiro não trazia mais felicidade às pessoas. O "Paradoxo de Easterlin" foi uma crença aceita até a década de 2000, quando novas análises, baseadas em pesquisas minuciosas, mostraram que ele não se sustentava.[5] Independentemente do país, pessoas com rendas maiores são mais felizes. Em todos os países, pessoas em nações com rendimentos elevados são mais felizes.

Para além da felicidade, os novos dados mostram que, dentro e entre os países, as pessoas com maior renda têm maior probabilidade de dizer que se sentem mais relaxadas, que são tratadas com respeito, que sorriem e riem mais e que comem alimentos saborosos.[6] Pessoas com rendas maiores — e pessoas que vivem em países com rendas elevadas — têm menos probabilidade de dizer que sofrem de dor física, tédio ou tristeza. Independentemente do país, pessoas com rendas maiores têm mais probabilidade de dizer que vivenciaram o amor. Desculpe-me, Paul McCartney, mas o dinheiro *pode* comprar amor.

Embora o dinheiro continue a comprar mais felicidade, o princípio da utilidade marginal decrescente ainda se aplica. Os aumentos em relação à felicidade parecem aproximadamente proporcionais ao aumento percentual de renda. Ou seja, um aumento de 10% na renda compra o mesmo aumento de felicidade para uma pessoa sem-teto e para um socialite. No entanto, esse aumento de 10% equivale a muito mais dólares para alguém rico do que para alguém pobre. Como consequência, o aumento da desigualdade que ocorreu em muitas nações na última geração pode ter tido um impacto nocivo na felicidade. Um dos melhores argumentos para um estado de bem-estar social redistributivo e tributação progressiva é que US$1 traz mais alegria para alguém que não tem muito dinheiro.

As diferenças de renda entre os países são ainda maiores do que as diferenças internas de renda dos próprios países. Atualmente, a renda média da Europa Ocidental é de US$109 por dia, enquanto a renda média na América Latina é de apenas US$39 por dia e, na África, de apenas US$10 por dia.[7] O residente típico dos EUA gera quase tanta produção em um mês quanto o nigeriano médio em um ano.

Um fator que impulsiona o crescimento na África é a urbanização, já que as pessoas tendem a ser mais produtivas quando se mudam de uma área rural para a cidade. Contudo, apenas metade da população do continente atualmente vive em centros urbanos e em cidades.[8] Um dos motivos é que os direitos de propriedade da terra na África costumam ser obscuros, fazendo com que as pessoas sejam relutantes em investir em moradias e limitando a capacidade dos governos municipais de aumentar a receita do imposto sobre a propriedade. Resolver os sistemas de regularização fundiária parece trivial, mas será fundamental à prosperidade futura da África.

O aumento da desigualdade não é a única causa de preocupação econômica. As pesquisas do economista George Akerlof sobre a economia da identidade destacaram a importância de considerar como as pessoas se percebem. No modelo econômico padrão, o único objetivo de trabalhar é obter renda para consumir. No entanto, a economia da identidade nos lembra de que a identidade de muitas pessoas foca o que elas produzem, e não o que consomem. É mais provável que perguntemos a alguém que acabamos de conhecer "Em que você trabalha?" do que "O que você costuma comprar?"

Portanto, nos países desenvolvidos, quando as forças combinadas da tecnologia e do comércio eliminam empregos nas fábricas, não adianta nada dizer à classe média em dificuldades que as televisões estão ficando mais baratas. A ascensão de políticos populistas é, em parte, uma reação contra a perda de empregos seguros da classe trabalhadora e um lembrete da importância do baixo desemprego para uma sociedade estável.

Desde os luditas, novas tecnologias têm sido acompanhadas por prognósticos assustadores de perdas de empregos que nunca se concretizaram. O desafio mais recente é representado pela inteligência artificial. A interface do ChatGPT da OpenAI pode depurar código de computador, escrever uma declaração de missão corporativa e resumir inovações científicas. "GPT" significa Generative Pre-trained Transformer [Transformer Pré-treinado Generativo], mas também pode significar General-purpose technology [Tecnologia de Uso Geral].

Como as máquinas a vapor de carvão e a eletricidade, a inteligência artificial pode ser transformadora. É provável que a adoção generalizada da inteligência artificial provoque o aumento da renda média, porém muitos empregos podem seguir o caminho dos operadores de centrais telefônicas e dos faroleiros. A economia nos lembra de que quanto mais barata uma tecnologia se torna, maior a probabilidade de as empresas a adotarem — e os donos das máquinas são aqueles que acumulam os maiores ganhos.

A longo prazo, a inteligência artificial também representa um risco catastrófico à humanidade.[9] Em algum momento, é provável que as máquinas inteligentes superem os humanos em todas as tarefas possíveis. Após isso, a lacuna entre as habilidades das máquinas inteligentes e as habilidades humanas será como a lacuna entre nós e nossos animais de estimação. Quando isso acontecer, será crucial que as máquinas compartilhem nossos valores e estejam dispostas a coexistir pacificamente com a humanidade.

Trabalho artístico que mostra a última selfie do mundo, criada pelo autor com o uso do mecanismo de inteligência artificial DALL·E.

A inteligência artificial descontrolada é provavelmente a maior ameaça de longo prazo ao futuro da humanidade, mas outra vulnerabilidade crucial se origina das mudanças climáticas. Os economistas falam sobre o "risco de cauda" — pequenas chances de resultados extremamente ruins. No caso do aquecimento global, os riscos de cauda surgem porque não sabemos quanto carbono será emitido no futuro e como o planeta reagirá a isso. Outra incerteza se origina de potenciais ciclos de feedback adversos — como o derretimento da camada de gelo da Groenlândia ou a perda da Floresta Amazônica. Sabemos que a mudança climática será ruim, mas ela pode ser bastante catastrófica.[10]

Quando nos deparamos com possibilidades remotas de catástrofe em nossa vida pessoal, o pensamento econômico nos lembra de fazer um seguro — pagar um pequeno valor mensal ou anual para nos proteger contra a possível perda de nossa casa ou a morte do principal provedor de renda. Da mesma forma, no caso de riscos à humanidade, devemos gastar uma quantia modesta agora em inteligência artificial ética e na redução das emissões de carbono — bem como na redução de outros riscos existenciais, incluindo bioterrorismo e conflito nuclear.

Evitar a catástrofe possibilitará que a humanidade use as ferramentas da economia para solucionar problemas mais banais. Devido ao congestionamento do tráfego, a velocidade média do trânsito em Londres, Boston, Paris e Bruxelas é de cerca de 18 quilômetros por hora (11 milhas por hora), que é aproximadamente o ritmo em que um cavalo conseguia correr no século XIX.[11] O congestionamento do tráfego custa ao motorista comum 40 horas por ano na Alemanha, 51 horas por ano nos Estados Unidos e 80 horas por ano no Reino Unido.[12] De Toronto à Cidade do México, reduzir o congestionamento do tráfego representaria uma grande melhoria na qualidade de vida de milhões de habitantes da cidade.

QUAL É A PIOR COISA QUE PODERIA ACONTECER?

Grande parte da discussão sobre os riscos da inteligência artificial se concentra em resultados "ruins", incluindo desinformação, discriminação algorítmica e perda de empregos para a automação. Mas outra fonte de perigo é a possibilidade de catástrofe. Uma vez que a inteligência artificial supere a inteligência humana, as máquinas podem se distanciar de nós em ritmo acelerado, como os computadores fizeram em jogos de tabuleiro, como xadrez e Go. A inteligência artificial seria a última invenção da humanidade.

É impossível saber o que está além desse ponto de transição, que os cientistas chamaram de "singularidade". O futuro será mais parecido com *Jornada nas Estrelas* ou com *Exterminador do Futuro*? A produtividade proporcionará uma vida tranquila a todos ou as máquinas superinteligentes decidirão que a humanidade é supérflua para seus propósitos?

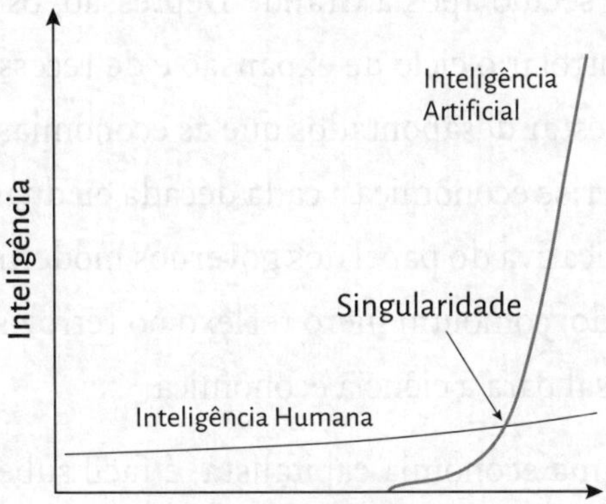

Economistas que estudam a incerteza salientam que é útil considerar toda a gama de possibilidades, não apenas as mais prováveis. Os economistas utilizam a noção de "valor esperado", que envolve multiplicar o custo ou o benefício de um resultado por sua probabilidade. Se houver 1%

de possibilidade de ganhar US$100 milhões, o valor esperado é de US$1 milhão. Do mesmo modo, o valor justo de seguro para um item que vale US$100 milhões com 1% de chance de perda seria de US$1 milhão.

Uma pesquisa com especialistas em inteligência artificial revela que pesquisadores medianos esperam que a singularidade ocorra em 2059.[13] Eles afirmam que há 5% de chance de um resultado "extremamente ruim (por exemplo, a extinção humana)". Dois terços dos pesquisadores de inteligência artificial acreditam que a sociedade deveria priorizar mais a segurança da inteligência artificial. Em termos de valor esperado, mesmo possibilidades remotas de desastre têm grandes custos.

Do ponto de vista macroeconômico, umas das principais frustrações é que, quase um século após a Grande Depressão, os economistas não conseguiram controlar o ciclo de expansão e de recessão. Como profissão, deveríamos estar desapontados que as economias modernas ainda ocasionam uma crise econômica a cada década ou duas. A gestão de crises é parte significativa do papel dos governos modernos. Relegar as recessões ao passado, como um mero reflexo no retrovisor, representaria um triunfo colossal para a ciência econômica.

Vivendo em uma economia capitalista, é fácil subestimarmos a importância dos mercados. Ao irmos ao supermercado, presumimos que ele terá em estoque quantidades abundantes de todos os produtos que queremos. Durante a crise da Covid-19, as pessoas ficaram surpresas quando as lojas ficaram sem papel higiênico por um breve período. Em poucas semanas, os estoques voltaram à normalidade, desafiando o início de uma pandemia que ocorre apenas uma vez a cada cem anos.

O funcionamento da "mão invisível" já confundiu autoridades comunistas. Após a dissolução da União Soviética, um funcionário russo contatou um economista britânico, perguntando: "Quem está encarregado do fornecimento de pão à população de Londres?"[14] No século XXI, as economias russa e chinesa fizeram a transição do comunismo para o capitalismo, mas ambas estão longe de ser democracias abertas.

Em 1946, o jornalista norte-americano Henry Hazlitt escreveu o livro *Economia numa Única Lição*, cuja lição era que os preços de mercado refletem os custos de oportunidade. Após sete décadas, John Quiggin, da Universidade de Queensland, escreveu o livro *Economics in Two Lessons* [*Economia em Duas Lições*, em tradução livre]: a segunda lição é que, às vezes, há uma discrepância entre os preços de mercado e o valor real. Hazlitt demonstrou como os mercados promovem o crescimento, um fator-chave para explicar por que as economias capitalistas geraram padrões de vida mais elevados do que as economias comunistas.

Quiggin explicou como os mercados podem falhar, gerando poluição, desemprego e monopólios abusivos. Neste livro, contei os dois lados da história: como os mercados abertos tiraram milhões da pobreza e por que é essencial abordar as falhas do mercado para que as economias prosperem. O capitalismo não garante o bem-estar de quem não tem capital.

Considere o papel do governo como um gestor de riscos: fornecer seguro social contra riscos tão diversos quanto terremotos, doenças e recessões. Benefícios sociais padrão não são a única maneira de mitigar o risco. Alguns países utilizam empréstimos com pagamento condicionado à renda — em que as parcelas só começam a vencer quando a renda do mutuário supera um patamar razoável — em vez de empréstimos estudantis. Economistas sugeriram que empréstimos com pagamento condicionado à renda também poderiam ser utilizados para fornecer assistência a agricultores afetados pela seca, empresas em dificuldades ou regiões economicamente desfavorecidas.[15]

A história da economia também é a história da inovação. No início do século XX, o mundo não tinha aviões, rádios e quase nenhum carro. No final do século, navegávamos na internet em notebooks com Wi-Fi, viajávamos de aviões para reuniões do outro lado do globo e enchíamos as cidades com arranha-céus. Do ar-condicionado aos antibióticos, do arame farpado ao processo Haber-Bosch, as novas tecnologias remodelaram nossa vida. As tecnologias também fizeram os mercados funcionarem melhor. Um estudo constatou que, quando o serviço de telefonia móvel foi introduzido na indústria pesqueira indiana, os preços convergiram e o desperdício foi praticamente eliminado.[16] A tecnologia beneficiou consumidores e produtores.

A inovação raramente envolve apenas o trabalho árduo de um gênio solitário.[17] O desenvolvimento tecnológico não é apenas obra de Gutenberg, Curie, Edison, Lovelace, Gates, Jobs, Doudna e Musk. Normalmente, as inovações tecnológicas ocorrem em equipes colaborativas. O tubo de vácuo e a televisão dependiam de diversas empresas, enquanto uma infinidade de outras inovações (incluindo o radar, a internet, a teoria dos germes, o marca-passo, a ressonância magnética e a mecânica quântica) se originaram de instituições não mercantis, como agências governamentais e universidades. As principais tecnologias de seu smartphone — incluindo GPS, assistente pessoal ativado por voz e tela sensível ao toque — foram financiadas pelo governo. No cerne da economia da inovação está a questão de como os governos podem continuar a fomentar esse tipo de pesquisa.

A economia tem conselhos práticos para todos os aspectos da vida. Os investidores stock pickers afirmam ter capacidade de acertar o momento perfeito para comprar e vender ações, maximizando seus lucros. No entanto, evidências sugerem que, em vez de se mover em ciclos previsíveis, os preços das ações seguem um "passeio aleatório [random walk]". Até mesmo John Maynard Keynes — o economista do século XX que mais fez para ajudar a suavizar o ciclo econômico — desistiu da ideia de investir no ciclo de negócios.[18]

No início desta jornada, tracei três objetivos para este livro: narrar a saga da ascensão do capitalismo e do sistema de mercado; debater as ideias e personalidades que moldaram a disciplina da economia; e delinear como as forças econômicas influenciaram a história mundial.

Espero que, ao lê-lo, você contemple a história da humanidade de modo um pouco diferente. Ao observar um mapa-múndi, lembre-se de como a forma dos continentes influenciou a colonização. Ao se deparar com um espelho, reflita sobre como sua invenção engendrou a cultura do consumo. Ao utilizar a plataforma de uma empresa Big Tech, considere como, na verdade, você está pagando com seus dados, e não com dinheiro. Reconheça sua sorte de viver em uma época em que a maior parte da humanidade tem acesso a escolas, vacinas e à internet.

O desenvolvimento da economia moderna coincidiu com a Revolução Industrial, mas foi somente com a Grande Depressão que os economistas aprofundaram sua compreensão do ciclo econômico. Encantados pela eficiência dos mercados, os primeiros economistas subestimaram as formas pelas quais as falhas de mercado poderiam ocorrer e foram rápidos demais em descartar o papel do governo em aprimorar o funcionamento dos mercados.

Pesquisas mais recentes exploraram os perigos dos monopólios e os riscos das mudanças climáticas. Atualmente, a economia comportamental é parte integrante do conteúdo programático ensinado, e a análise de grandes conjuntos de dados se tornou essencial para o trabalho de muitos economistas modernos. Os designers do mercado foram pioneiros nos algoritmos de combinação que sustentam muitas doações de rins. Especialistas em leilões desenvolveram leilões que arrecadam bilhões de dólares para o governo com a venda de direitos do espectro eletromagnético. Economistas de desenvolvimento econômico realizaram ensaios randomizados que salvam vidas e aumentam a renda.

Embora a maioria de nós não se torne pesquisadores de economia, a maior contribuição do setor reside em nos ajudar a viver uma vida melhor. Ao tomar uma decisão complicada, pondere os custos e os benefícios. Considere os custos de oportunidade — do que você está abrindo mão? Pense na margem — pergunte se vale a pena ter mais um pouco de algo. E não se esqueça das externalidades — os impactos positivos e negativos de suas decisões em relação a outras pessoas. Da educação ao empreendedorismo, da socialização ao mercado de ações, a economia pode ser a bússola para ajudá-lo a ter uma vida mais próspera.

NOTAS

INTRODUÇÃO

1. William Nordhaus, 1997, "Do real-output and real-wage measures capture reality? The history of lighting suggests not" em William Nordhaus e Charles Hulten (eds), *The Economics of New Goods*, University of Chicago Press, Chicago, pp. 29–66.
2. A combinação de microeconomia e macroeconomia tem uma longa história. Para uma análise sobre a Síntese Neoclássica de Paul Samuelson de 1948 e o ensino da economia moderna por meio do currículo CORE, consulte Samuel Bowles e Wendy Carlin, 2020, "What students learn in economics 101: Time for a change", *Journal of Economic Literature*, 58(1): 176–214.
3. Citado em Avinash Dixit, 2014, *Microeconomics: A Very Short Introduction*, Oxford University Press, Oxford, p. 50.
4. Jeff Borland, 2008, *Microeconomics: Case Studies and Applications*, Cengage, Melbourne, p. 19.
5. Joshua Gans e Andrew Leigh, 2009, "Born on the first of July: An (un) natural experiment in birth timing", *Journal of Public Economics*, 93.1–2: 246–63.
6. Wojciech Kopczuk e Joel Slemrod, 2003, "Dying to save taxes: Evidence from estate-tax returns on the death elasticity", *Review of Economics and Statistics* 85(2): 256–65.
7. Lucy Black, 2020, "Picking a product", *CKGSB Knowledge*, 19 de novembro.
8. Benjamin Zhang, 2017, "Trump just used Boeing's new global airliner to attack globalization", *Business Insider*, 18 de fevereiro.
9. Thomas Thwaites, 2011, *The Toaster Project. Or A Heroic Attempt to Build a Simple Electric Appliance from Scratch*, Princeton Architectural Press, Princeton, NJ.
10. Em 2009, o salário semanal médio no Reino Unido era de cerca de £490, ou £19.000 durante nove meses. As peças e viagens de Thwaites totalizaram £1.187. Quando lhe enviei um e-mail para confirmar esses números, Thwaites observou

de maneira irônica que minha estimativa de £20 mil era precisamente o preço pelo qual ele vendeu a torradeira ao Museu V&A.

1. DAS ORIGENS AFRICANAS À AGRICULTURA

1. Carina Schlebusch, Helena Malmström, Torsten Günther, Per Sjödin, et al., 2017, "Southern African ancient genomes estimate modern human divergence to 350,000 to 260,000 years ago", *Science* 358(6363): 652–5.
2. Nicholas R. Longrich, 2020, "When did we become fully human? What fossils and DNA tell us about the evolution of modern intelligence", *The Conversation*, 9 de setembro.
3. David Baker, 2022, *The Shortest History of the World*, Black Inc., Melbourne, p. 110.
4. Caleb E. Finch, 2010, "Evolution of the human lifespan and diseases of aging: Roles of infection, inflammation, and nutrition", *Anais da Academia Nacional de Ciências* 107, suppl 1: 1718–24.
5. Steven Pinker, 2011, *The Better Angels of Our Nature: Why Violence Has Declined*, Viking, NovaYork. Outro artigo elenca o valor em 2%, o que ainda é consideravelmente mais elevado do que nos tempos modernos: Mark Pagel, 2016, "Lethal violence deep in the human lineage", *Nature* 538(7624): 180–1.
6. Paul Salopek, 2018, "Cities of silence", *National Geographic*, 31 de agosto.
7. Ibid.
8. Hetalben Sindhav, 2016, "The Indus Valley Civilisation (Harappan Civilisation)", *International Journal of Social Impact* 1(2): 69–75.
9. Philip Coggan, 2020, *More: A History of the World Economy from the Iron Age to the Information Age*, Hachette, Nova York, p. 26.
10. Jeremy Cherfas, 1989, "Nuts to the desert", *New Scientist*, 19 de agosto, pp. 44–7.
11. Melinda A. Zeder, 2011, "The origins of agriculture in the Near East", *Current Anthropology* 52 (S4): S221–S235.
12. Shuanglei Wu, Yongping Wei, Brian Head, Yan Zhao e Scott Hann, 2019, "The development of ancient Chinese agricultural and water technology from 8000 BC to 1911 AD", *Palgrave Communications* 5(1): 1–16.
13. Tim Harford, 2017, "How the plough made the modern economy possible", BBC World Service, *50 Things That Made the Modern Economy*, 27 de novembro.
14. James Burke, 1978, *Connections*, Macmillan, Londres, p. 12.
15. Alberto Alesina, Paola Giuliano e Nathan Nunn, 2013, "On the origins of gender roles: Women and the plough", *Quarterly Journal of Economics* 128(2): 469–530.
16. François Pieter Retief e Louise Cilliers, 2006, "Causes of death among the Caesars (27 BC – AD 476)" *Acta Theologica* 26(2): 89–106.

17. A altura média caiu de 5'10" (178 cm) para homens e 5'6" (168 cm) para mulheres para 5'5" (165 cm) e 5'1" (155 cm): Michael Hermanussen e Fritz Poustka, 2003, "Stature of early Europeans", *Hormones* (Athens) 2(3): 175–8.
18. A diferença entre os impactos de curto e de longo prazo da Revolução Agrícola é a razão pela qual Jared Diamond está errado ao descrevê-la como o pior erro da raça humana: Jared Diamond, 1999, "The worst mistake in the history of the human race", *Discover Magazine*, 1 de maio. Por exemplo, sem a Revolução Agrícola, é improvável que o mundo tivesse se beneficiado dos excelentes artigos de Diamond.
19. Entre os séculos VI e X, os moinhos de água foram amplamente adotados em toda a Europa. Na época em que Guilherme, o Conquistador, realizou sua pesquisa na Inglaterra no "Domesday Book" em 1086, identificou-se uma média de quase dois moinhos de água para cada aldeia inglesa: Rondo Cameron, 1989, *A Concise Economic History of the World: From Paleolithic Times to the Present*, Oxford University Press, Nova York e Oxford, p. 71.
20. Laurence Iannaccone, 1998, "Introduction to the economics of religion", *Journal of Economic Literature*, 36(3): 1465–95.
21. Pew Research Center, 2017, The Changing Global Religious Landscape, PEW Research Center, Washington DC.
22. Cameron, 1989, p. 83.
23. Donald Kagan, 1982, "The dates of the earliest coins", *American Journal of Archaeology* 86(3): 343–60.
24. Neil Faulkner, 2012, *A Visitor's Guide to the Ancient Olympics*, Yale University Press, New Haven, CT, p. 126.
25. Esta estimativa é baseada em decretos emitidos pelo imperador romano Diocleciano, que governou de 284 a 305 d.C. Consulte Coggan, 2020, p. 32.

2. O GRANDE CANAL DA CHINA, A PRENSA TIPOGRÁFICA E A PESTE

1. Cameron, 1989, p. 83.
2. Yiming Cao e Shuo Chen, 2022, "Rebel on the canal: Disrupted trade access and social conflict in China, 1650–1911", *American Economic Review*, 112(5): 1555–90.
3. Estes números foram convertidos em dólares norte-americanos de 2011 e extraídos de Jutta Bolt e Jan Luiten van Zanden, 2020, "Maddison style estimates of the evolution of the world economy. A new 2020 update", Banco de dados do Projeto Maddison, University of Groningen, Groningen.
4. Niall Kishtainy, 2017, *A Little History of Economics*, Yale University Press, New Haven, p. 17.
5. Diego Puga e Daniel Trefler, 2014, "International trade and institutional change: Medieval Venice's response to globalization", *Quarterly Journal of Economics* 129(2): 753–821.

6. Miles Corak, 2013, "Inequality from generation to generation", em Robert Rycroft (ed.), *The Economics of Inequality, Poverty, and Discrimination in the 21st Century*, ABC-CLIO, Santa Barbara, CA, pp. 107–26.
7. Gregory Clark, 2014, *The Son Also Rises: Surnames and the History of Social Mobility*, Princeton University, Princeton, NJ.
8. Citado em Tim Harford, 2006, *The Undercover Economist*, Oxford University Press, Oxford, pp. 201–2.
9. Masao Uchibayashi, 2006, "Maize in pre-Columbian China found in Bencao Pinhui Jingyao", *Yakugaku Zasshi: Journal of the Pharmaceutical Society of Japan*, 126(1): 27–36.
10. Baker, 2022, p. 157.
11. Sascha O. Becker e Ludger Woessmann, 2009, "Was Weber wrong? A human capital theory of Protestant economic history", *Quarterly Journal of Economics* 124(2): 531–96.
12. Coggan, 2020, p. 57.
13. Gary Anderson, Robert B. Ekelund, Robert F. Hebert e Robert D. Tollison, 1992, "An economic interpretation of the medieval crusades", *Journal of European Economic History* 21(2): 339–63.
14. Coggan, 2020, pp. 7–8.
15. Şevket Pamuk, 2007, "The Black Death and the origins of the 'Great Divergence' across Europe, 1300–1600", *European Review of Economic History* 11(3): 289–317.

3. O PERÍODO DAS GRANDES NAVEGAÇÕES A VELA

1. Banco de dados do comércio transatlântico de escravizados, em slavevoyages.org.
2. As estatísticas sobre a escravização deste parágrafo e do seguinte foram extraídas de David Baker, 2022, pp. 171–2.
3. "Family separation among slaves in America was shockingly prevalent", *The Economist*, 18 June 2022.
4. Stephan Heblich, Stephen Redding e Hans-Joachim Voth, 2022, "Slavery and the British Industrial Revolution", NBER Working Paper 30451, NBER, Cambridge, MA.
5. Carlos J. Charotti, Nuno Palma e João Pereira dos Santos, 2022, "American treasure and the decline of Spain", Economics Discussion Paper Series EDP-2201, University of Manchester, Manchester.
6. Daron Acemoglu, Simon Johnson e James A. Robinson, 2001, "The colonial origins of comparative development: An empirical investigation", *American Economic Review* 91(5): 1369–1401.

7. "Armies of the East India Company", National Army Museum, em www.nam.ac.uk/explore/armies-east-india-company (atualizado).
8. John Brande Trend, 1957, *Portugal*, Praeger, Nova York, p. 103.
9. Emily Oster, 2004, "Witchcraft, weather and economic growth in Renaissance Europe", *Journal of Economic Perspectives* 18(1): 215–28.
10. Peter Garber, 1990, "Famous first bubbles", *Journal of Economic Perspectives*, 4(2): 35–54.

4. A REVOLUÇÃO INDUSTRIAL E A RIQUEZA DAS NAÇÕES

1. Estes números foram convertidos em dólares norte-americanos de 2011 e extraídos de Jutta Bolt e Jan Luiten van Zanden, 2020.
2. Gregory Clark, 2007, *A Farewell to Alms: A Brief Economic History of the World*, Princeton University Press, Princeton, NJ, p.38.
3. Bolt e Luiten van Zanden, 2020; Max Roser, Cameron Appel e Hannah Ritchie, 2013, "Human height", disponível em ourworldindata.org/human-height.
4. Robert Allen, 2017, *The Industrial Revolution: A Very Short Introduction*, Oxford University Press, Oxford, pp. 4–7.
5. T. S. Ashton, 1948, *The Industrial Revolution 1760–1830*, Oxford University Press, Oxford, p. 42.
6. R. U. Ayres, 1989, *Technological Transformations and Long Waves*, International Institute for Applied Systems Analysis, Lazenburg, Áustria, p. 17.
7. Nicholas Crafts, 2004, "Steam as a general purpose technology: A growth accounting perspective", *Economic Journal* 114(49): 338–51.
8. Coggan, 2020, pp. 100–1.
9. Alexander C.R. Hammond, 2019, "Heroes of progress, Pt. 13: James Watt", HumanProgress.org, 7 de março.
10. Jesse Norman, 2018, *Adam Smith: What He Thought, and Why It Matters*, Penguin, Londres.
11. Todd Buchholz, 1999, *New Ideas from Dead Economists: An Introduction to Modern Economic Thought*, Penguin Books, Londres, p.14
12. Organizações como o Polity Project e a Economist Intelligence Unit definem democracias plenas como países que respeitam as liberdades civis, têm uma cultura política democrática e garantem a independência judicial e a liberdade dos meios de comunicação social.
13. Ben Broadbent, 2020, "Government debt and inflation", palestra no Bank of England, 2 de setembro.
14. Os artigos de Mill fundamentam o conceito de "*Homo economicus*", embora ele não tenha usado o termo: consulte Joseph Persky, 1995, "Retrospectives: The ethology of homo economicus", *Journal of Economic Perspectives* 9(2): 221–31.

15. Steven Johnson, 2014, *How We Got to Now: Six Inventions That Made the Modern World*, Riverhead Books, Nova York, p. 32.
16. E.P. Thompson, 1967, "Work–discipline, and industrial capitalism", *Past and Present* 38: 56–97.
17. John Brown, 1990, "The condition of England and the standard of living: Cotton textiles in the northwest, 1806–1850", *Journal of Economic History* 50(3): 591–614.
18. Joshua Gans e Andrew Leigh, 2019, *Innovation + Equality: How to Create a Future That Is More Star Trek Than Terminator*, MIT Press, Cambridge, MA, p. 24.
19. J.A. Schumpeter, 1954, *History of Economic Analysis*, Oxford University Press, Nova York, p. 500.
20. Wolfgang Keller e Carol H. Shiue, 2020, "China's foreign trade and investment, 1800–1950", NBER Working Paper 27558, NBER, Cambridge, MA.
21. Allen, 2017, p. 97.
22. Steven Pressman, 1999, *Fifty Major Economists*, Routledge, Londres, p. 36.
23. Citado em Kishtainy, 2017, p. 40.

5. COMÉRCIO, VIAGENS E TECNOLOGIA EM ASCENSÃO

1. Mr Cobden, 1965, *The Collected Works of Walter Bagehot*, Norman St John-Stevas (ed.), vol. 3, p. 216.
2. A.C. Howe, 2008, "Anti-Corn Law League", *Oxford Dictionary of National Biography* [recurso online].
3. Allen, 2017, p. 119.
4. United Nations Office on Drugs and Crime, 2008, *World Drug Report 2008*, Nações Unidas, Nova York, p. 175.
5. Essa análise sobre o desenvolvimento econômico do Japão foi baseada em Allen, 2017, pp. 119–24.
6. Cameron, 1989, pp. 275–6.
7. Richard Baldwin, 2006, "Globalisation: The great unbundling(s)", Gabinete do Primeiro-Ministro, Conselho Econômico da Finlândia.
8. Bolt e Luiten van Zanden, 2020.
9. Allen, 2017, p. 76.
10. De "Our World in Data", disponível em ourworldindata.org/grapher/cross-country-literacy-rates.
11. Matthew J. Gallman, 1994, *The North Fights the Civil War: The Home Front*, Ivan R. Dee, Chicago, p. 95.
12. David Galenson, 2006, *Old Masters and Young Geniuses: The Two Cycles of Artistic Creativity*, Princeton University Press, Princeton, NJ.

13. Sophia Twarog, 1997, "Heights and living standards in Germany, 1850–1939: The case of Wurttemberg" em Richard H. Steckel e Roderick Floud (eds), *Health and Welfare During Industrialization*, University of Chicago Press, Chicago, pp. 285–330.
14. Peter Dunn, 2002, "Stéphane Tarnier (1828–97), the architect of perinatology in France", *Archives of Disease in Childhood: Fetal and Neonatal Edition* 86(2): F137–9.
15. Geoff Boeing, 2019, "Urban spatial order: Street network orientation, configuration, and entropy", *Applied Network Science* 4(1): 1–19.

6. MODELOS ECONÔMICOS E AS FÁBRICAS MODERNAS

1. Thomas M. Humphrey, 1992, "Marshallian cross diagrams and their uses before Alfred Marshall: The origins of supply and demand geometry", *Economic Review*, 78: 3–23.
2. Henry Ford e Samuel Crowther, 1922, *My Life and Work*, Garden City Publishing Company, Garden City, Nova York, p. 72.
3. Coggan, 2020, p. 156.
4. Consulte, por exemplo, "Say drug habit grips the nation", *The New York Times*, 5 de dezembro de 1913, p. 8.
5. Tim Hatton, comunicação pessoal.
6. Niall Ferguson, 2008, *The Ascent of Money: A Financial History of the World*, Penguin, Nova York, p.186.
7. Stephen Broadberry e Mark Harrison (eds), 2005, *The Economics of World War I*, Cambridge University Press, Cambridge, UK. O cálculo é de 1914. Ou seja, as Potências Aliadas incluem a Rússia (que mais tarde abandonaria o país), mas excluem as potências que aderiram posteriormente (como a Itália e os Estados Unidos).
8. Andrei Markevich e Mark Harrison, 2011, "Great War, Civil War, and recovery: Russia's national income, 1913 to 1928", *Journal of Economic History* 71(3): 672–703.
9. George Rose e Sherrylynn Rowe, 2015, "Northern cod comeback", *Canadian Journal of Fisheries and Aquatic Sciences* 72, no. 12: 1789–98.

7. A PRIMEIRA GUERRA MUNDIAL E A GRANDE DEPRESSÃO

1. Broadberry e Harrison, 2005, p.28.
2. Resultado previsto por John Maynard Keynes, 1919, *The Economic Consequences of the Peace*, Macmillan, Londres.
3. Coggan, 2020, p. 181.
4. Paul Krugman, 1998, "The hangover theory", *Slate*, 4 de dezembro.

5. Bruce Caldwell e Hansjoerg Klausinger, 2022, *Hayek: A Life 1899–1950*, University of Chicago Press, Chicago.
6. Kishtainy, 2017, p. 104.
7. Richard Davenport-Hines, 2015, *Universal Man: The Seven Lives of John Maynard Keynes*, William Collins, Londres, p. 214.
8. Lionel Robbins, 1971, *Autobiography of an Economist*, Palgrave, Londres, p. 154.
9. Walter Galenson e Arnold Zellner, 1957, "International comparison of unemployment rates" em *The Measurement and Behavior of Unemployment*, NBER, Cambridge, MA, pp. 439–584. Alguns estudos recentes diferem ligeiramente — por exemplo, a Austrália está acima dos 10% e o Reino Unido pouco abaixo dos 10%. Em 1939, o desemprego nos EUA também ultrapassou os 10%. Acesse fred.stlouisfed.org/series/M0892AUSM156SNBR.
10. Os exemplos de como as tarifas prejudicam a produção doméstica foram extraídos de Alan Reynolds, 1979, "What do we know about the Great Crash?" *National Review*, 9 de novembro.
11. Os exemplos de medidas comerciais retaliatórias deste parágrafo foram extraídos de Kris James Mitchener, Kevin Hjortshøj O'Rourke e Kirsten Wandschneider, 2022, "The Smoot-Hawley trade war", *Economic Journal* 132(647): 2500–33.
12. Os exemplos de restrições à imigração deste parágrafo foram extraídos de Joseph Ferrie e Timothy Hatton, 2015, "Two centuries of international migration", *Handbook of the Economics of International Migration*, 1: 53–88.
13. Consulte, por exemplo, Nick Freeman, 2002, "Foreign direct investment in Cambodia, Laos and Vietnam: A regional overview", artigo preparado para a Conference on Foreign Direct Investment: Opportunities and Challenges for Cambodia, Laos and Vietnam, 16–17 de agosto, Hanói.
14. Sadie Alexander (ed. Nina Banks), 2021, *Democracy, Race, and Justice: The Speeches and Writings of Sadie T. M. Alexander*, Yale Press, New Haven, CT; "Economists are rediscovering a lost heroine", *The Economist*, 19 de dezembro de 2020.
15. Manuel Funke, Moritz Schularick e Christoph Trebesch, 2016, "Going to extremes: Politics after financial crises, 1870–2014", *European Economic Review* 88, 227–60.

8. A SEGUNDA GUERRA MUNDIAL E O ACORDO DE BRETTON WOODS

1. Para mais detalhes, consulte Coggan, 2020, p. 198.
2. As comparações econômicas da Segunda Guerra Mundial foram extraídas de Mark Harrison, 1998, *The Economics of World War II: Six Great Powers in International Comparison*, Cambridge University Press, Cambridge, UK. O cálculo é de 1938, incluindo os países Aliados que seriam perdidos (Polônia, Checoslováquia, França e o seu império), excluindo as nações que mais tarde se juntariam ao lado Aliado (a União Soviética e os Estados Unidos).

3. J. Bradford DeLong, 2023, *Slouching Towards Utopia: An Economic History of the Twentieth Century*, Hachette, Nova York, p. 304.
4. Phillips Payson O'Brien, 2015, *How the War Was Won: AirSea Power and Allied Victory in World War II*, Cambridge University Press, Cambridge, UK.
5. Harrison, 1998.
6. J. Bradford DeLong e Barry Eichengreen, 1993, "The Marshall Plan: History's most successful structural adjustment program" em Rudiger Dornbusch, Wilhelm Nolling e Richard Layard (eds), *Postwar Economic Reconstruction and Lessons for the East Today*, MIT Press, Cambridge, MA, pp. 189–230.
7. Selwyn Cornish e Alex Millmow, 2016, "A.W.H. Phillips and Australia", *History of Economics Review* 63(1): 2–20.
8. Vito Tanzi e Ludger Schuknecht, 2000, *Public Spending in the 20th century: A Global Perspective*, Cambridge University Press, Cambridge, UK, p. 6.

9. OS TRINTA ANOS GLORIOSOS? (1945 A 1975)

1. Branko Milanović, 2008, "Where in the world are you? Assessing the importance of circumstance and effort in a world of different mean country incomes and (almost) no migration", Policy Research Working Paper 4493, Banco Mundial, Washington, DC.
2. OECD, 2019, *Negotiating Our Way Up: Collective Bargaining in a Changing World of Work*, OECD, Paris.
3. Jan Tinbergen, 1974, "Substitution of graduate by other labour", *Kyklos* 27(2): 217–26; Claudia Goldin e Lawrence Katz, 2008, *The Race Between Education and Technology*, Harvard University Press, Cambridge, MA.
4. Andrew Stanley, 2022, *Global Inequalities*, Fundo Monetário Internacional, Washington, DC.
5. Andrew Leigh, 2009, "Does the world economy swing national elections?", *Oxford Bulletin of Economics and Statistics* 71(2): 163–81.
6. Alan Holmans, 2005, *Historical Statistics of Housing in Britain*, Cambridge Centre for Housing & Planning Research, Universidade de Cambridge, Cambridge, UK, pp. 130, 143.
7. Steven Johnson, 2010, *Where Good Ideas Come From: The Natural History of Innovation*, Penguin, Nova York, pp. 214–15.
8. Kishtainy, 2017, p. 134.
9. Gary Becker, 1968, "Crime and punishment: An economic approach", *Journal of Political Economy*, 76(2): 169–217.
10. Gary Becker, 1957, *The Economics of Discrimination*, University of Chicago Press, Chicago.
11. Cálculos pós-Brexit.

12. Air Transport Association of America, 1970, *1970 Air Transport Facts and Figures*, ATAA, Washington, DC.
13. "Credit card debt statistics", disponível em balancingeverything.com/creditcard--debt-statistics/, atualizado em janeiro de 2023.
14. Anja Achtziger, 2022, "Overspending, debt, and poverty", *Current Opinion in Psychology*: 101342.
15. George Akerlof, 1970, "The market for lemons: Quality uncertainty and the market mechanism", *Quarterly Journal of Economics* 84(3): 488–500.
16. David Card e Stefano DellaVigna, 2013, "Nine facts about top journals in economics", *Journal of Economic Literature* 51(1): 144–61.
17. Coggan, 2020, pp. 234–5.
18. Cálculos do autor, baseados em Bolt e Luiten van Zanden, 2020.
19. Helen Yaffe, 2009, *Che Guevara: The Economics of Revolution*, Palgrave Macmillan, Londres, p. 21.
20. Gordon Corera, "India: The economy", BBC, 3 de dezembro de 1998.
21. Marco Colagrossi, Domenico Rossignoli e Mario A. Maggioni. 2020, "Does democracy cause growth? A meta-analysis (of 2000 regressions)", *European Journal of Political Economy* 61: 101824.
22. MV Lee Badgett, Sheila Nezhad, Kees Waaldijk e Yana van der Meulen Rodgers, 2014, "The relationship between LGBT inclusion and economic development: An analysis of emerging economies", Instituto Williams e US AID, Washington, DC.
23. Aniruddha Mitra, James T. Bang e Arnab Biswas, 2015, "Gender equality and economic growth: Is it equality of opportunity or equality of outcomes?", *Feminist Economics* 21(1): 110–35.
24. Angus Maddison, 2006, *The World Economy*. OECD, Paris, p. 178.
25. Cálculos do autor, baseados em Bolt e Luiten van Zanden, 2020.
26. Cormac Ó Gráda, 2007, "Making famine history", *Journal of Economic Literature*, 45(1): 5–38.

10. A ONIPRESENÇA DOS MERCADOS

1. Ke Wang, 2008, "Xiaogang Village, birthplace of rural reform, moves on", China.org.cn, 15 de dezembro.
2. Este relato é, em grande parte, extraído de David Kestenbaum e Jacob Goldstein, 2012, "The secret document that transformed China", *Planet Money*, 20 de janeiro.
3. Nicholas Lardy, 2016, "The changing role of the private sector in China" em Iris Day e John Simon (eds), *Structural Change in China: Implications for Australia and the World*, Reserve Bank of Australia, Sydney, pp. 37–50.

4. Shujie Yao, 2000, "Economic development and poverty reduction in China over 20 years of reforms", *Economic Development and Cultural Change* 48(3): 447–74.
5. Julia Simon e Kenny Malone, 2021, "Looking back on when President Reagan fired the air traffic controllers", *NPR Morning Edition*, 5 de agosto.
6. William A. Niskanen, 1988, *Reaganomics: An Insider's Account of the Policies and the People*, Oxford University Press, Oxford.
7. Mark Carney, 2021, *Value(s): Building a Better World for All*, William Collins, Londres, p. 173.
8. William L. Megginson and Jeffry M. Netter, 2001, "From state to market: A survey of empirical studies on privatization", *Journal of Economic Literature* 39(2): 321-389.
9. Michael Porter, 1979, "How competitive forces shape strategy", *Harvard Business Review* 57: 137-145.
10. Daniel Hamermesh, 2011, *Beauty Pays: Why Attractive People Are More Successful*, Princeton University Press, Princeton, NJ.

11. METAS PARA INFLAÇÃO E DESIGUALDADE

1. Coggan, 2020, p. 224.
2. "$100 billion for three eggs", *Herald Sun*, 25 de julho de 2008.
3. Coggan, 2020, p. 258.
4. Gerald Bouey, governador do Banco do Canadá, discursando em 1982.
5. Kenneth Rogoff, 2022, "The age of inflation", *Foreign Affairs*, nov/dez.
6. William McChesney Martin Jr, 1955, "Address before the New York Group of Investment Bankers Association of America", 19 de outubro.
7. "One more push", *The Economist*, 21 de julho de 2011.
8. Facundo Alvaredo, Lucas Chancel, Thomas Piketty, Emmanuel Saez e Gabriel Zucman, 2017, *World Inequality Report 2018*, Paris School of Economics, Paris, pp. 123–30.
9. Banco Mundial, Projeto Doing Business, disponível em www.worldbank.org/en/programs/business-enabling-environment/doing-business-legacy (o projeto foi descontinuado em 2021).
10. Douglas Irwin, 2022, "The trade reform wave of 1985–1995", *AEA Papers and Proceedings*, 112: 244–51.
11. Chad Bown e Douglas Irwin, 2015, "The GATT's starting point: Tariff levels circa 1947", NBER Working Paper 21782; Banco Mundial, "Tariff rate, applied, weighted mean, all products (%)", disponível em data.worldbank.org/indicator/TM.TAX.MRCH.WM.AR.ZS.
12. Bolt eLuiten van Zanden, 2020.

13. Consulte, por exemplo, Justin Yifu Lin, 2019, "New structural economics: The third generation of development economics", GEGI Working Paper 27, Global Development Policy Center, Universidade de Boston, Boston.
14. Mariana Mazzucato, 2013. *The Entrepreneurial State: Debunking Public vs. Private Myths in Risk and Innovation*, Anthem Press, Londres.
15. "India's population will start to shrink sooner than expected", *The Economist*, 2 de dezembro de 2021.
16. United Nations Department of Economic and Social Affairs, Population Division, 2022. *World Population Prospects 2022*, Nações Unidas, Nova York.
17. Steven Ritter, 2008, "The Haber–Bosch reaction: An early chemical impact on sustainability", *Chemical and Engineering News* 86(33).
18. Stuart Smyth, 2020, "The human health benefits from GM crops", *Plant Biotechnology Journal* 18(4): 887–8.
19. Abdul Latif Jameel Poverty Action Lab (J-PAL), 2018, "Free bednets to fight malaria", evidência J-PAL para estudo de caso de política.
20. Facundo Alvaredo, Lucas Chancel, Thomas Piketty, Emmanuel Saez e Gabriel Zucman, 2017, *World Inequality Report 2018*, Paris School of Economics, Paris, pp. 113–22.
21. Para uma análise mais detalhada sobre este ponto, consulte Gans e Leigh, 2019.
22. William Kissick, 1994, *Medicine's Dilemmas: Infinite Needs Versus Finite Resources*, Yale University Press, New Haven, CT.
23. Estes exemplos foram extraídos de David Cutler e Mark McClellan, 2001, "Is technological change in medicine worth it?", *Health Affairs* 20(5): 11–29.
24. John Kenneth Galbraith, 1958, *The Affluent Society*, Houghton Mifflin Company, Boston.
25. The Business Research Company, 2023, *Sports Global Market Report 2023*, The Business Research Company, Londres.
26. Joseph Price e Justin Wolfers, 2010, "Racial discrimination among NBA referees", *Quarterly Journal of Economics*, 125(4): 1859–87.
27. Kai Fischer, J. James Reade e W. Benedikt Schmal, 2022, "What cannot be cured must be endured: The long-lasting effect of a COVID-19 infection on workplace productivity", *Labour Economics* 79, 102281.
28. Graham Kendall e Liam Lenten, 2017, "When sports rules go awry", *European Journal of Operational Research* 257(2): 377–94.

12. MERCADOS AQUECIDOS E UM PLANETA AINDA MAIS AQUECIDO

1. Acesse www.internetworldstats.com/emarketing.htm.
2. Nos últimos anos, as mortes por malária foram, em média, de cerca de 600 mil (Relatório Mundial sobre Malária da Organização Mundial de Saúde), enquanto

as mortes por tubarões foram, em média, de cerca de 70 (Arquivo Internacional de Ataques de Tubarões do Florida Museum of Natural History's). As mortes em veículos motorizados foram, em média, de cerca de 1,3 milhão (Organização Mundial da Saúde), enquanto as mortes na aviação foram, em média, de cerca de 300 (Aviation Safety Network).

3. Daniel Kahneman, 2011, *Thinking, Fast and Slow*, Farrar, Straus and Giroux, Nova York. [Obra publicada no Brasil sob o título *Rápido e Devagar: Duas Formas de Pensar.*]
4. OECD, 2022, "HM 1.2 House Prices", Banco de dados Affordable Housing da OECD, OECD, Paris.
5. A simulação da montanha-russa de Shiller em 2007 pode ser vista em www.youtube.com/watch?v=kUldGc06S3U.
6. Michael Lewis, 2010, *The Big Short: Inside the Doomsday Machine*, WW Norton, Nova York.
7. International Labour Organization, 2018, *Global Wage Report 2018/19: What Lies Behind Gender Pay Gaps*, ILO, Geneva.
8. Doris Weichselbaumer e Rudof Winter-Ebmer, 2005, "A meta-analysis on the international gender wage gap", *Journal of Economic Surveys* 19 (3): 479–511.
9. Alexandra de Pleijt e Jan Luiten van Zanden, 2021, "Two worlds of female labour: gender wage inequality in western Europe, 1300–1800", *Economic History Review* 74 (3): 611–38.
10. Kristen Schilt e Matthew Wiswall, 2008, "Before and after: Gender transitions, human capital, and workplace experiences", *BE Journal of Economic Analysis & Policy* 8(1).
11. Claudia Goldin, 2021, *Career and Family: Women's CenturyLong Journey Toward Equity*, Princeton University Press, Princeton, NJ.
12. Rick Glaubitz, Astrid Harnack-Eber e Miriam Wetter, 2022, "The gender gap in lifetime earnings: The role of parenthood", DIW Berlin Discussion Paper 2001, DIW, Berlin; Fatih Guvenen, Greg Kaplan, Jae Song e Justin Weidner, 2022, "Lifetime earnings in the United States over six decades", *American Economic Journal: Applied Economics* 14(4): 446–79.
13. Jhacova Williams, "Laid off more, hired less: Black workers in the COVID-19 recession", blog RAND, 29 de setembro de 2020.
14. Robert Klitgaard, 1988, *Controlling Corruption*, University of California Press, Oakland, CA.
15. Annette Alstadsæter, Niels Johannesen e Gabriel Zucman, 2018, "Who owns the wealth in tax havens? Macro evidence and implications for global inequality", *Journal of Public Economics* 162: 89–100.
16. Seema Jayachandran e Michael Kremer, 2006, "Odious debt", *American Economic Review* 96(1): 82–92.

17. Tim Harford, 2020, *How to Make the World Add Up: Ten Rules for Thinking Differently About Numbers*, Little, Brown Book Group, Londres.
18. Acesse www.guinnessworldrecords.com/world-records/most-successful-chimpanzee-on-wall-street.
19. Tim Edwards, Anu R. Ganti, Craig Lazzara, Joseph Nelesen e Davide Di Gioia, 2022, "SPIVA U.S. Mid-Year 2022", S&P Dow Jones Indices, Nova York, p. 7.
20. Alexander Chinco e Marco Sammon, 2022, "The passive-ownership share is double what you think it is", disponível em ssrn.com/abstract=4188052.
21. Annie Lowrey, 2021, "Could index funds be 'worse than Marxism'?", *The Atlantic*, 5 April.
22. Painel de Especialistas Econômicos do IGM, 2019, "Diversified investing", Initiative on Global Markets, Chicago Booth, Chicago, 28 de janeiro.
23. Tyler Cowen, 2011, *The Great Stagnation: How America Ate All the LowHanging Fruit of Modern History, Got Sick, and Will (Eventually) Feel Better*, Dutton, Nova York.
24. Andrew G Haldane, 2015, "Stuck", discurso proferido na Open University, Milton Keynes, 30 de junho.
25. Consulte "Global QE Tracker" do Atlantic Council, disponível em www.atlantic-council.org/global-qe-tracker/.
26. Steve Liesman, 2019, "Trump's tariffs are equivalent to one of the largest tax increases in decades", *CNBC*, 16 de maio.
27. Joseph Francois, Laura Baughman e Daniel Anthony, 2018, "Round 3: 'Trade discussion' or 'trade war'? The estimated impacts of tariffs on steel and aluminum", Trade Partnership, Washington, DC, 5 de junho.
28. Pablo Fajgelbaum, Pinelopi Goldberg, Patrick Kennedy e Amit Khandelwal, 2020, "The return to protectionism", *Quarterly Journal of Economics* 135(1): 1–55.
29. "Impact of Brexit on economy 'worse than Covid'", *BBC News*, 27 de outubro de 2021.

13. A PANDEMIA E ALÉM

1. Rakesh Padhan e K. P. Prabheesh, 2021, "The economics of COVID-19 pandemic: A survey", *Economic Analysis and Policy* 70: 220–37.
2. Padhan e Prabheesh, 2021.
3. Fundo Monetário Internacional, 2022, *2022 Global Debt Monitor*, IMF, Washington, DC, p. 7.
4. Consulte, por exemplo, Centros de Controle e de Prevenção de Doenças, 2021, "Morbidity and mortality weekly report" 70(37), 17 de setembro.
5. Evan P. Starr, James J. Prescott e Norman D. Bishara, 2021, "Noncompete agreements in the US labor force", *Journal of Law and Economics* 64(1): 53–84.

6. Amy Webb, 2019, *The Big Nine: How the Tech Titans and Their Thinking Machines Could Warp Humanity*, Public Affairs, Nova York.
7. Hannah Fry, 2018, *Hello World: Being Human in the Age of Algorithms*, WW Norton, Londres.
8. Cathy O'Neil, 2016, *Weapons of Math Destruction*, Crown, Nova York.
9. Shoshana Zuboff, 2019, *The Age of Surveillance Capitalism: The Fight for a Human Future at the New Frontier of Power*, Profile Books, Nova York.
10. Raj Chetty, David Grusky, Maximilian Hell, Nathaniel Hendren, Robert Manduca e Jimmy Narang, 2017, "The fading American dream: Trends in absolute income mobility since 1940", *Science* 356(6336): 398–406; Raj Chetty e Nathaniel Hendren, 2018, "The effects of neighborhoods on intergenerational mobility I: Childhood exposure effects", *Quarterly Journal of Economics* 133(3): 1107–62; Raj Chetty e Nathaniel Hendren, 2018, "The effects of neighborhoods on intergenerational mobility II: County level estimates", *Quarterly Journal of Economics* 133(3): 1163–1228.
11. Raj Chetty, Matthew O. Jackson, Theresa Kuchler, Johannes Stroebel et al., 2022, "Social Capital I: Measurement and Associations with Economic Mobility", *Nature* 608(7921): 108–21; Raj Chetty, Matthew O. Jackson, Theresa Kuchler, Johannes Stroebel et al., 2022, "Social Capital II: Determinants of Economic Connectedness", *Nature* 608(7921): 122–34.
12. Todos os exemplos de economia forense foram extraídos de Eric Zitzewitz, 2012, "Forensic economics", *Journal of Economic Literature*, 50(3): 731–69.
13. A pesquisa foi finalmente publicada como Andrew Leigh, 2010, "Who benefits from the earned income tax credit? Incidence among recipients, coworkers and firms", *BE Journal of Economic Analysis and Policy* 10(1).
14. Seth Stephens-Davidowitz, 2017, *Everybody Lies: What the Internet Can Tell Us About Who We Really Are*, Bloomsbury, Londres.
15. Hoyt Bleakley e Jeffrey Lin, 2012, "Portage and path dependence", *Quarterly Journal of Economics* 127(2): 587–644.
16. Luis Martinez, 2022, "How much should we trust the dictator's GDP growth estimates?" *Journal of Political Economy* 130(10): 2731–69.
17. Esses exemplos e muitos outros estão resumidos em Dave Donaldson e Adam Storeygard, 2016, "The view from above: Applications of satellite data in economics", *Journal of Economic Perspectives* 30(4): 171–98.
18. Erik Brynjolfsson, Avinash Collis e Felix Eggers, 2019, "Using massive online choice experiments to measure changes in well-being", *Anais da Academia Nacional de Ciências* 116(15): 7250–5.
19. Kishtainy, 2017, pp. 208–9.
20. Marilyn Waring, 1988, *If Women Counted: A New Feminist Economics*. Harper and Row, San Francisco.

14. ECONOMIA: PASSADO, PRESENTE E FUTURO

1. Max Roser, 2016, "Stop saying that 2016 was the 'worst year'", *The Washington Post*, 29 de dezembro.
2. Números de mortalidade infantil extraídos de ourworldindata.org/child-mortality (do início da década de 1970) e de childmortality.org (de 2021, o ano mais recente disponível no momento da escrita deste livro). Dados sobre emprego nos serviços do Banco Mundial (indicador SL.SRV.EMPL.ZS).
3. Steven Pinker, 2018, *Enlightenment Now: The Case for Reason, Science, Humanism, and Progress*, Viking, Nova York.
4. Sobre o número de mortes por varíola, consulte Donald Henderson, 2009, *Smallpox: The Death of a Disease*, Prometheus Books, Amherst, Nova York, p. 12.
5. Betsey Stevenson e Justin Wolfers. 2008, "Economic growth and happiness: Reassessing the Easterlin paradox", *Brookings Papers on Economic Activity*, Spring 2008, pp. 1–87; Angus Deaton, 2008, "Income, health, and well-being around the world: Evidence from the Gallup World Poll", *Journal of Economic Perspectives* 22(2), pp. 53–72.
6. Stevenson e Wolfers, 2008.
7. As estimativas de rendimento diário deste parágrafo foram extraídas de Bolt e Luiten van Zanden, 2020.
8. OECD/SWAC, 2020, *Africa's Urbanisation Dynamics 2020: Africapolis, Mapping a New Urban Geography*, West African Studies, OECD Publishing, Paris.
9. Para saber mais sobre risco catastrófico, consulte Andrew Leigh, 2021, *What's the Worst That Could Happen? Existential Risk and Extreme Politics*, MIT Press, Cambridge, MA.
10. Gernot Wagner e Martin L. Weitzman, 2016, *Climate Shock: The Economic Consequences of a Hotter Planet*, Princeton University Press, Princeton NJ.
11. Bob Pishue, 2023, *2022 INRIX Global Traffic Scorecard*, INRIX, Kirkland, WA.
12. Pishue, 2023.
13. Zach Stein-Perlman, Benjamin Weinstein-Raun e Katja Grace, "2022 expert survey on progress in AI", AI Impacts, 3 de agosto de 2022, https://aiimpacts.org/2022-expert-survey-on-progress-in-ai/.
14. Coggan, 2020, p. 357.
15. Bruce Chapman (ed.), 2006, *Government Managing Risk: Income Contingent Loans for Social and Economic Progress*, Routledge, London.
16. Robert Jensen, 2007, "The digital provide: Information (technology), market performance, and welfare in the South Indian fisheries sector", *Quarterly Journal of Economics* 122(3): 879–924.
17. A análise deste parágrafo foi baseada em Johnson, 2010, pp. 230, 236.
18. Harford, 2020, p. 273.

CRÉDITO DAS IMAGENS

p. 1: P. Maxwell Photography/Shutterstock.

p. 2: Vladimir Gjorgiev/Shutterstock.

p. 14: Cortesia do Archestudy.

p. 17: Jared Diamond. Image via Wikimedia Commons.

p. 21: IR Stone/Shutterstock.

p. 24: Image via r/ArtefactPorn, Reddit.

p. 29: Mary Long e Holaillustrations/Shutterstock.

p. 33: Artista desconhecido, c. 1665. Image via Wikimedia Commons.

p. 38: Workshop de Bronzino, Retrato de Lorenzo, o Magnífico, c. 1565–69, Galeria Uffizi. Image via Wikimedia Commons.

p. 41: Duncan1890/iStockPhoto.

p. 44: Artista desconhecido, c. 1640, Norton Simon Art Foundation. Image via Wikimedia Commons.

p. 47: Patente de James Watt via itakehistory.com.

p. 51: Heritage Image Partnership Ltd/Alamy Stock Photo.

p. 55: Cátalogo da Biblioteca Working Class Movement. Image via Wikimedia Commons.

p. 56: Crônica/Alamy Stock Photo.

p. 61: Aquarela de Richard Simkin, realizada no Anne S.K. Coleção Militar Brown, Universidade Brown. Image via Wikimedia Commons.

p. 67: Fotografia de Carl Van Vechten, 13 de novembro de 1948, Coleção Van Vechten na Biblioteca do Congresso. Image via Wikimedia Commons.

p. 69: Crônica/Alamy Stock Photo.

p. 71: The Landlord's Game, desenhado por Lizzie J. Magie (Phillips), publicado em 1906 pela Economic Game Company, Nova York. Image: Thomas Forsyth.

p. 78: Fotógrafo desconhecido, entrevista com Henry Ford, *Literary Digest*, 1 de julho de 1928. Image via Wikimedia Commons.

p. 79: Martin Forstenzer/Hulton Archive/Getty.

p. 80: Mpv_51. Image via Wikimedia Commons.

p. 83: © Holger Motzkau 2010. Image via Wikimedia Commons.

p. 85: Pictorial Press/Alamy Stock Photo.

p. 87: Fotosearch/Stringer/Getty Images.

p. 93: Divisão de Impressos e Fotografias da Biblioteca do Congresso de Washington. Image via Wikimedia Commons.

p. 96: Fotógrafo desconhecido, c. junho de 1921. Image via Wikimedia Commons.

p. 100: Obra de Trevor Bragdon/*Pitch + Persuade*.

p. 102: De "The Phillips Machine Project" por Nicholas Barr, *LSE Magazine*, Junho de 1988, no. 75, p.3. Image via Wikimedia Commons.

p. 108: People's History Museum.

p. 111: Carol M. Highsmith Archive, Biblioteca do Congresso. Image via Wikimedia Commons.

p. 114: apiguide/Shutterstock.

p. 115: Fig. 2 extraída de Kathryn Cardarelli e Rachael S. Jackson, *Education Policy as Health Promotion*, white paper apresentado na Primeira Conferência Anual do Instituto J. McDonald Williams em Dallas, Texas, em outubro de 2005.

p. 121: Bettmann/Getty Images.

p. 123: Ilustração do London News, 22 de dezembro de 1849. Image via Wikimedia Commons.

p. 131: Art_Photo/Shutterstock.

p. 136: Gráfico de Alan Laver baseado em "Inflation and central bank independence: OECD countries", site Our World in Data.

p. 147: Gráfico de Alan Laver, baseadoo na Fig. 2, *World Inequality Report 2018*, compilado por Facundo Alvaredo, Lucas Chancel, Thomas Piketty, Emmanuel Saez e Gabriel Zucman, apresentado no School of Economics de Paris.

p. 150: Caio Pederneiras/Shutterstock.

p. 151: Alex Bogatyrev/Shutterstock.

p. 158: CP PHOTO/Troy Fleece.

p. 160: ©Johan Jarnestad/Real Academia Sueca de Ciências.

p. 170: Leonard Zhukovsky/Shutterstock.

p. 187: DALL-E, licença Open AI Responsible.

ÍNDICE